CHAMBRE DES DÉPUTÉS
Extrait du *Journal officiel* des 12 et 13 Mai 1891.

DISCOURS

PRONONCÉ PAR

M. JULES MÉLINE

Président et rapporteur général

Séances des 11 et 12 Mai 1891

DISCUSSION

DU

TARIF GÉNÉRAL DES DOUANES

PARIS

IMPRIMERIE DES JOURNAUX OFFICIELS

31, QUAI VOLTAIRE, 31

—

189

CHAMBRE DES DÉPUTÉS
Extrait du *Journal officiel* des 12 et 13 Mai 1891.

DISCOURS

PRONONCÉ PAR

M. JULES MÉLINE

Président et rapporteur général

Séance du Lundi 11 Mai 1891

MESSIEURS,

Après le discours si étendu et si complet que vous venez d'entendre, le moment me paraît venu de dégager, au nom de votre commission, dont je ne suis ici que le représentant, les idées principales, les idées décisives, à mon avis, qui sont de nature à fixer votre orientation et à dicter vos votes quand vous aurez à déterminer les chiffres du tarif des douanes. Je le ferai

aussi brièvement et surtout aussi froide-
ment que possible. La passion ne devrait
pas trouver place dans un débat de ce genre
(*Très bien! très bien! sur divers bancs*);
elle ne peut que le fausser et l'obscurcir,
et il m'apparaît que la campagne violente
menée depuis deux mois contre la commission des douanes et contre son président
n'a pas beaucoup éclairé le pays sur ses
véritables intérêts. (*Assentiment.*)

Quant à moi, je ne lui donnerai pas d'ali-
ment. Je ne répondrai pas aux attaques
personnelles dont j'ai été l'objet et qui, à
la dernière séance, ont trouvé dans la bou-
che de M. Léon Say un écho si aigre; j'en
aurais peut-être le droit plus que personne,
car je crois pouvoir dire que dans mon rapport il n'y a pas une ligne, pas une seule,
qui puisse les justifier. (*C'est vrai! — Très
bien!*)

J'ajoute, sans crainte d'être démenti par
mes collègues de la commission, que mon
rôle et mon influence dans cette commission se sont toujours exercés dans le sens
de la modération et de la conciliation de
tous les intérêts. (*C'est vrai!*)

Mais, messieurs, la question est trop haute
et trop grave pour que j'y mêle le moindre

sentiment d'amour-propre personnel ; je n'ai qu'une prétention ici : c'est d'être un homme sincère, profondément dévoué à son pays, et, à ce titre, absolument résolu à faire tous ses efforts pour empêcher qu'on ne sacrifie ses plus grands intérêts à de pures théories. (*Très bien! très bien!*)

Mais c'est trop parler de ma personne, et j'ai autre chose à faire ici que de la défendre. Quant à mes idées, je les livre avec confiance au jugement impartial de la Chambre et du pays. (*Très bien! très bien!*)

Messieurs, si ce débat est compliqué, si le projet de loi qui a été déposé par le Gouvernement présente beaucoup de détails, il est très simple dans son principe ; il peut se résumer dans une unique question.

Quel est, à l'heure actuelle, le régime économique, — que dis-je, le régime économique! — quels sont les tarifs — puisque nous ne parlons que de tarifs en ce moment — qui conviennent le mieux à la France, qui sont les meilleurs pour développer son agriculture, son industrie, donner du travail à ses ouvriers, porter, en un mot, la production nationale à son maximum de puissance ?

Voilà, messieurs, je crois, la question telle qu'elle se pose devant vous.

Il y a quelque trente ans, nos honorables adversaires auraient fait à cette question, et en chœur, la même réponse. Ils nous auraient dit : Ce régime, c'est le libre échange, parce que c'est le seul qui soit conforme à la logique et à la justice, le seul qui réponde à l'intérêt bien entendu du consommateur et du producteur; c'est une vérité éternelle qu'il faut appliquer partout et toujours, fût-on seul dans le monde à le faire.

Cette doctrine absolue a malheureusement reçu des événements, depuis vingt ans, de si cruels démentis, qu'elle est devenue très compromettante, et personne n'ose plus s'en réclamer. M. Léon Say lui-même me paraît l'avoir singulièrement abandonnée tout à l'heure, puisqu'il en vient presque à accepter le tarif général actuel et le projet du Gouvernement. Je me félicite beaucoup de cette concession, pour la clarté et la rapidité du débat, sans me faire cependant beaucoup d'illusion sur sa valeur.

Il est facile de s'apercevoir, au langage de nos honorables adversaires, à certains aveux qu'ils laissent échapper, qu'ils n'ont pas renoncé à leur idéal ; ils ajournent seulement la réalisation de leurs espérances... à deux ans, nous a dit M. Léon Say. La bataille reste donc toujours la même ; elle est engagée entre les mêmes parties, mais sous une autre forme, avec une tactique plus habile et des manœuvres plus savantes.

Je ne puis faire qu'une chose, c'est de suivre nos honorables adversaires sur le terrain où ils se sont placés eux-mêmes. Ils déclarent qu'ils n'entendent pas examiner en théorie ce qui vaut le mieux, du libre échange ou de la protection ; qu'ils se bornent à rechercher en fait, comme nous, le régime économique qui convient le mieux à la France.

A la question que je posais tout à l'heure, que répondent-ils ? Voici, je crois, la pensée maîtresse des trois discours que vous avez entendus : le régime le meilleur, à l'heure qu'il est, c'est le maintien du *statu quo*, c'est-à-dire le maintien de ce qui reste des tarifs de 1860. Ils n'acceptent qu'avec peine les modifications introduites depuis cette époque dans les tarifs : c'est visible ; mais enfin ils s'y résigneraient ; ils demandent seulement qu'on reste où on est, sans faire un pas de plus.

Nous répondons, nous, que la France ne peut rester dans le *statu quo*, parce que le *statu quo* est inconciliable avec ses véritables intérêts. Nous répondons que les tarifs de 1860 ont été mal faits — je vais essayer de vous le prouver — et que, du reste, depuis 1860, des événements considérables se sont accomplis, qui les ont rendus absolument insuffisants, qui en rendent la revision, l'amélioration nécessaires.

Voilà, messieurs, les deux thèses en présence, et c'est sur cette question fondamentale que vous aurez à vous prononcer. D'un côté, ceux qui veulent le *statu quo*, de l'autre ceux qui veulent un progrès en avant...

M. Aynard. En arrière!

M. le rapporteur général... une amélioration des tarifs actuels. (*Très bien! très bien! sur divers bancs.*)

J'ai déjà cet avantage que sur la question de principe je rencontre avec moi le Gouvernement. Quoi qu'en dise l'honorable M. Léon Say, le Gouvernement, sur la question de principe, est absolument d'accord avec nous; dans son projet, il reconnaît formellement la nécessité de réformer, de reviser nos tarifs dans un sens plus protecteur de l'agriculture et de l'industrie. Nous sommes, il est vrai, séparés de lui par certains chiffres.

Je m'expliquerai sur ces chiffres et j'espère prouver à la Chambre que l'abîme n'est pas aussi profond qu'on le croit entre le Gouvernement et nous. Pour le moment, je me borne à retenir ce point que sur la nécessité de réformer les tarifs de 1860, de les reviser dans un sens plus protecteur, le Gouvernement est avec nous.

Voyons maintenant, messieurs, si le Gouvernement, si la commission ont des raisons sérieuses pour vous demander cette revision et pour repousser le *statu quo*, le maintien des tarifs de 1860.

Pour demander le maintien de l'œuvre de 1860, il faudrait d'abord que cette œuvre fût irréprochable dans son principe et à son origine; il faudrait que les tarifs qu'on nous propose de conserver eussent été au début une œuvre de maturité, de sagesse, d'indépendance patriotique. Est-ce ainsi qu'ont été faits les tarifs de 1860?

Messieurs, l'honorable M. Léon Say vous a apporté, à la dernière séance, une page détachée de l'histoire d'Angleterre ; permettez-moi, à mon tour, de vous apporter une page détachée de l'histoire de France qui ne manquera pas d'intérêt pour lui : c'est l'historique des traités de 1860, de la façon dont ils ont été faits. Cet historique a été tracé tout récemment par un des hommes les plus sincères, un des narrateurs certainement les plus éloquents de notre époque, M. Jules Simon.

Grâce à M. Jules Simon, nous savons d'où sont sortis les traités de 1860 ; nous savons que ce fut un Français, d'une grande intelligence assurément, mais aveuglé par l'esprit de secte — qui, malheureusement, n'est pas mort avec lui — nous savons, dis-je, que ce fut un Français qui, désespérant de faire triompher sa doctrine par les voies parlementaires, s'avisa d'appeler à son secours un étranger, un Anglais, le plus Anglais des Anglais, je le dis à son honneur, le plus habile et par conséquent le plus redoutable des adversaires pour la France, Richard Cobden.

Ce Français alla trouver l'Anglais et lui demanda de se servir de ses relations personnelles avec l'empereur pour lui arracher un traité et des tarifs de faveur. Le Français eut tellement conscience de l'énormité de cette démarche, qu'il n'osa pas rentrer en France avec Richard Cobden : les deux conspirateurs, nous dit M. Jules Simon, prirent des chemins séparés. Deux jours après, M. Michel Chevalier — c'est le nom du Français, vous l'avez deviné — et Richard Cobden se trouvaient dans le cabinet de l'empereur, et quand ils en sortaient, la lettre du 6 janvier était arrêtée. Elle éclata bientôt comme la foudre, en pleine Chambre française.

Ce fut là, messieurs, la première phase de l'œuvre de 1860 ; à mon avis, ce n'est pas la plus grave.

J'ai eu souvent l'occasion de m'expliquer sur ce qui s'est passé en 1860, et je l'ai toujours fait sans parti pris ; j'ai toujours dit que j'aurais compris et accepté qu'en 1860 on fît faire un pas en avant à notre régime économique. Je crois qu'en 1860 on pouvait, sans inconvénient, abaisser certains droits qui étaient excessifs et dont nos industries n'avaient pas besoin ; je crois qu'en 1860 on pouvait faire disparaître des prohibitions qui n'avaient plus de raison d'être. Si on avait substitué aux tarifs existants des tarifs suffisants, bien pondérés, garantissant les intérêts de l'agriculture et de l'industrie, l'œuvre se défendrait encore aujourd'hui, et il est probable que les traités ne succomberaient pas sous le poids de la réprobation qui les rend si impopulaires dans l'opinion publique.

Mais pour faire ce que je dis, il n'y avait pas besoin de conspirer, et si on a conspiré c'est qu'on voulait davantage : on voulait un tarif de faveur pour l'Angleterre, et vous allez voir comment on l'obtint.

Le traité décidé, il restait à fixer les tarifs. C'était là le point essentiel. Le principe du traité n'était rien; ce qui est toujours grave dans les traités, ce sont les tarifs qu'on y annexe.

Voyons donc comment ont été faits ces tarifs que l'on veut maintenir à tout prix.

Voici la procédure suivie. D'abord, on institua un conseil supérieur du commerce et de l'industrie, composé des partisans de la nouvelle réforme et de grands fonctionnaires de l'empire. Ce conseil fit, pour la forme, une enquête; il nomma des rapporteurs, et quand il eut terminé son œuvre le Gouvernement désigna des plénipotentiaires chargés d'arrêter les chiffres définitifs du tarif.

Quels plénipotentiaires, messieurs?.D'un côté, pour la France, MM. Baroche et Rouher, des ho...mes d'une incontestable valeur, mais enfin qui n'étaient nullement des hommes techniques. Et en face d'eux qui voyons-nous ? d'abord Richard Cobden lui-même ! Et à côté de Richard Cobden ?... Ah ! c'est là que l'on reconnaît l'esprit pratique des Anglais ! Nous, nous aurions choisi comme plénipotentiaires des diplomates ou des fonctionnaires ; les Anglais placèrent à côté de Cobden M. Mallet, du bureau du commerce, l'homme le plus versé dans les affaires commerciales de l'Angleterre, et M. Ajlivy, du bureau des douanes, l'homme qui connaissait le mieux les questions spéciales de douanes.

C'est dans ces conditions qu'on délibéra ; vous m'accorderez bien que la partie n'était pas égale. Cependant, elle aurait pu être gagnée encore, si on avait laissé aux négociateurs français toute leur indépendance, toute leur liberté d'action. Les procès-verbaux, qui sont au ministère des affaires étrangères, en font foi.

En 1880, j'ai eu la patience de lire le manuscrit de ces conférences de 1860 ; je l'ai lu en entier, et c'est ainsi que j'ai pu me rendre compte de ce qui s'est passé. J'y ai vu que M. Rouher, dont on a souvent méconnu le rôle dans cette circonstance, et auquel je me plais à rendre justice, avait défendu pied à pied les intérêts français, M. Baroche aussi, et que la victoire n'a pas dépendu d'eux.

Richard Cobden avait, en venant en France, une pensée bien arrêtée. C'était un esprit pratique ; il ne s'attarda pas à discuter l'ensemble des tarifs, il alla droit au but. Deux grandes industries intéressent l'Angleterre, avant toutes les autres, puisqu'elles représentent les trois quarts de sa production : la métallurgie et les industries textiles ; c'est pour ces industries qu'il voulait des réductions de tarifs, et tout de suite il posa la question qui les concernait.

Pour l'industrie métallurgique, il rencontra heureusement — je dis « heureusement » pour la France — il rencontra un adversaire imprévu dans la personne de M. Schneider, depuis président du Corps législatif. Celui-ci fit des tarifs relatifs à l'industrie métallurgique un *casus belli*; M. Schneider était une puissance avec laquelle il fallait compter, et l'empereur céda. C'est à cette circonstance que l'industrie métallurgique doit son salut (*Très bien! très bien!*), et, si elle est reconnaissante, elle portera toujours M. Schneider dans son cœur.

Mais les malheureuses industries textiles n'eurent pas le même bonheur, et Richard Cobden se retourna de ce côté de toute son énergie. Le premier débat qui s'engagea fut relatif à cette éternelle question de la filature, qui reviendra bientôt devant vous, mais dont je vous demande la permission de détacher les origines, car cela me dispensera d'y revenir plus tard.

M. Baroche, qui avait été le rapporteur du conseil supérieur, apporta un projet de tarif, et ce tarif était tel qu'en 1860, quand je fus nommé rapporteur pour l'industrie cotonnière, j'adoptai les chiffres de M. Baroche.

Vous voyez, messieurs, que nous ne sommes pas plus exigeants qu'on ne l'était à cette époque. Nous le sommes moins : car, malgré tout ce qui s'est passé depuis 1860, nous ne réclamons que des droits inférieurs à ceux proposés par M. Baroche lui-même. Mais Richard Cobden ne l'entendait pas ainsi.

Les chiffres proposés par M. Baroche s'élevaient à environ 14 p. 100 de la valeur.

Cobden déclara tout de suite qu'il n'accepterait pas ces chiffres et qu'il entendait que la filature ne reçût qu'une protection de 10 p. 100 au maximum.

M. Rouher répondit qu'on n'avait pas le droit de poser la question ainsi, parce que dans le traité qui avait été fait avec l'Angleterre, il avait été dit expressément que les droits nouveaux qu'on allait substituer aux droits anciens pourraient aller de 10 p. 100 au minimum jusqu'à 25 p. 100 au maximum.

M. Rouher ajoutait : Bien loin d'appliquer le droit maximum, comme le traité nous autorisait à le faire, nous nous contentons de 14 p. 100 ; c'est une concession plus que suffisante.

Richard Cobden persiste et répond qu'il n'accepte pas de droits supérieurs à 10 p. 100 de la valeur, qu'il considère d'ailleurs que M. Baroche a pris à cet égard un engagement formel.

Trois séances se passent ainsi sans qu'on puisse s'entendre ni aboutir.

Richard Cobden eut recours alors aux grands moyens; et vous allez en avoir la preuve par quelques lignes du procès-verbal de la délibération que je vais mettre sous vos yeux. C'est dans cette séance que le sort de l'industrie cotonnière et linière, et, on peut le dire, de l'industrie textile tout entière, a été décidé.

Voici, messieurs, ces lignes que je recommande à toute votre attention :

« M. Rouher, M. Baroche, M. Cobden... se sont réunis en conférence particulière au ministère des affaires étrangères, le 25 octobre 1860, à six heures du soir, afin de s'entendre sur l'étendue des engagements souscrits dans les lettres des 13 et 22 janvier 1860, en vue du droit à appliquer aux articles à demi ouvrés, notamment aux fils de coton et de laine.

« Il est reconnu que la lettre de M. Baroche, — la lettre dont il est question, c'était la lettre dans laquelle on prétendait que M. Baroche avait pris des engagements. « Il est reconnu que la lettre de M. Baroche du 22 janvier n'a pas d'autre portée que la fixation des deux limites : minimum 10 p. 100 et maximum 30 p. 100.

« M. Cobden déclare, de son côté, qu'avant d'adresser à M. Baroche sa lettre du 13 janvier 1860, il avait eu l'honneur d'être reçu par l'empereur et que Sa Majesté lui avait dit que les droits sur les filés ne dépasseraient en aucun cas 10 p. 100 de la valeur; qu'à la suite de cet entretien particulier avec l'empereur il avait écrit à M. Gladstone pour rendre compte des paroles de Sa Majesté et de ce qui, à ses yeux, constituait un engagement formel de la part du Gouvernement français ; qu'en conséquence le Parlement avait été informé de la limite extrême fixée par anticipation sur les filés. »

Et le soir même, les plénipotentiaires français, sur un ordre supérieur, subissaient les propositions de Cobden. (*Mouvements divers.*)

Voilà, messieurs, comment ont été faits les tarifs de 1860, comment ont été sacrifiés les droits des grandes industries dont nous viendrons bientôt plaider la cause devant vous.

Et vous vous étonnez que ces industries protestent depuis trente ans contre le régime qui leur a été fait ? qu'elles assiègent les pouvoirs publics de leurs revendications ? que chaque fois qu'elles en trouvent l'occasion, elles nous apportent leurs doléances ? Elles en ont le droit, car on peut dire que le tarif qu'on leur a imposé, ce n'est pas le tarif de la France, c'est le tarif de l'Angleterre.

Les Anglais ne s'y sont pas trompés, et quand Michel Chevalier se rendit, quelque temps après la conclusion du traité, en Angleterre, M. Jules Simon nous apprend qu'il fut acclamé partout, que la Société royale lui décerna une grande médaille et que cette médaille lui fut remise par le prince de Galles lui-même.

Ah ! je comprends que M. Léon Say ait gardé un silence prudent sur le rôle joué, dans la conclusion des traités de 1860, par le chef de son école, Michel Chevalier, et qu'il réserve toute son admiration pour Richard Cobden.

Richard Cobden, lui, a été un grand patriote que nous avons le droit d'envier à son pays; il travaillait pour sa patrie; il ne cherchait pas à se faire porter en triomphe par l'étranger. (*Marques d'assentiment sur divers bancs.*)

Voilà comment ont été faits les traités de 1860, cette œuvre qu'on prétend parfaite, à laquelle on ne veut pas toucher, qu'on vous présente comme une arche sainte sur laquelle nous essayons de porter une main sacrilège !

Passons à un autre ordre d'idées. Je suppose que ces tarifs aient été aussi bien conços qu'ils ont été mal faits; je suppose qu'ils aient été une œuvre de sagesse bien combinée et suffisante en 1860 pour garantir notre travail national, est-il possible aujourd'hui de soutenir que la situation actuelle est celle de 1860 ? que des tarifs qui étaient bons il y a trente ans, le sont encore aujourd'hui ? Ne s'est-il donc rien passé en France et dans le monde entier depuis cette époque ?

Messieurs, il suffit de regarder un instant l'histoire politique et économique de notre pays depuis 1860, pour voir qu'il n'y a aucun rapport, malheureusement pour nous, entre notre situation intérieure actuelle et celle de 1860. Depuis lors il y a eu cette lamentable guerre de 1870, dont les conséquences effroyables pèsent aujourd'hui non seulement sur notre patriotisme, mais encore sur la production générale du pays. Il a fallu l'accabler d'impôts qui ne s'élèvent pas à moins de 700 millions; pendant ce temps-là nos concurrents faisaient des dégrèvements équivalents. C'est ainsi que l'Angleterre a dégrevé depuis trente ans ses consommateurs de 700 millions : ce qui a permis à M. Leroy-Beaulieu lui-même de dire en 1879 que l'Angleterre ne payait pas plus d'impôts qu'en 1845. Pouvons-nous en dire autant ? Cette charge qui est si connue, — car je ne fais que ressasser un lieu commun — M. Pelletan l'a évaluée dans un éloquent discours dont nous avons tous gardé le souvenir. Il a fait le compte des charges qui pèsent sur la production française en opérant les déductions les plus rigoureuses, et il est arrivé à cette conclusion que le Français paye 66 fr. d'impôts d'État quand l'Anglais n'en paye que 49, et les autres pays 45, 36 et même 27 fr. par tête.

M. Pelletan ne s'en est pas tenu là. Avec une grande éloquence il a relevé les conséquences qu'avait, pour la production française, cette formidable augmentation d'impôts. Il répondait à ce moment à M. Burdeau qui, imitant M. Aynard, avait insinué que les impôts n'entravaient pas sensiblement le travail, que nos échanges avec l'étranger le prouvaient par leur développement constant et que la France continuait, malgré tout, à être très riche; M. Pelletan répondait :

« Eh bien, ces impôts que vous prélevez, ce sont les frais généraux du grand atelier français en face de la concurrence étrangéré. Portés par mille canaux secrets, ils vont grever l'épi dans le champ et l'étoffe sur le métier; et si vous pensez que le plus grand des périls pour un peuple moderne — péril auquel la France, heureusement, ne sera pas exposée — est ce lent dépérissement économique qui, pour ne pas faire tant de bruit que les grands conflits armés, n'en est pas moins, par sa marche souterraine et secrète, aussi mortel pour un peuple que tous les hasards des batailles, comment ne considéreriez-vous pas comme la plus lourde des fautes, comme un acte pouvant faire peser sur vous la plus redoutable responsabilité, le vote de charges nouvelles qui finiraient par lui rendre la concurrence plus que difficile?

« Que M. le rapporteur général de la commission du budget me permette de le lui dire, il me paraît se rassurer à bien bon marché sur les conséquences d'une augmentation de nos frais généraux. Il a compulsé les statistiques, il a constaté que nous faisons plus de commerce qu'il y a, cinq années, que le mouvement des marchandises est plus actif, et il nous dit : « Ne craignez rien! votez des impôts! Cela ne nuit nullement au travail français. »

« Quoi ! par un miracle extraordinaire, les frais généraux dont on grève la production française ne lui font aucun tort ? Il faudrait en finir avec ces tableaux qu'on nous présente en toute occasion sur la progression de la vente des tabacs, du commerce extérieur, etc., pour justifier tous les budgets qu'on nous apporte. Sans doute, on constate une progression générale de la richesse publique : c'est le cours général des choses. Tant que l'arbre ne sera pas desséché, et que la sève y circulera encore, cette végétation ininterrompue, qui est la vie même, continuera son travail de croissance. S'il n'en était plus ainsi, mais ce serait la mort !

« Vous avez autre chose à vous demander. La France conserve-t-elle sa place dans le monde ? Cette progression est-elle aussi rapide chez nous que dans les pays qui nous entourent ? Est-ce que la progression correspondante des peuples étrangers ne restreint pas, ne refoule pas peu à peu l'activité économique de la France dans le monde ? Et, malheureusement, la réponse sur ces divers points n'est pas douteuse. »

C'est la vérité même.

Je ne veux pas insister davantage sur un point trop évident ; personne ne peut contester que les charges financières qui pèsent sur la production française, augmentent les frais généraux de nos industriels, qu'elles les ont forcés à relever les salaires de nos ouvriers, qui malgré ces relèvements sont encore souvent insuffisants. A côté des charges financières, il faut placer les charges personnelles si lourdes du service militaire, qui obligent tous les travailleurs à quitter l'atelier au meilleur moment de leur éducation professionnelle. Il n'est pas un industriel qui ne constate les immenses inconvénients de cette obligation du service militaire et l'état d'infériorité dans lequel elle nous met au point de vue du rendement de la main-d'œuvre vis-à-vis de nos concurrents étrangers.

Pouvez-vous comparer la situation de l'industriel français à celle de l'industriel anglais, belge ou suisse, dont les ouvriers travaillent toute leur vie sans interruption ? Les nôtres, au contraire, après avoir quitté le régiment, vont bien souvent dans d'autres industries, où, s'ils reviennent dans la même, ils ne retrouvent plus l'habileté de main qu'ils avaient la veille de leur départ.

Telle est la situation toute nouvelle, créée, par nos désastres de 1870 ; elle me permet de dire que les tarifs qui pouvaient être suffisants en 1860 pour défendre nos industries et garantir le salaire de nos ouvriers ne sont plus suffisants aujourd'hui. (*Très bien ! très bien !*)

J'arrive au second événement qui s'est accompli depuis 1860. Je veux parler de l'évolution économique des autres pays.

Dans les traités de 1860 tout se tenait ; l'œuvre était complète ; elle impliquait certaines conditions, et tant qu'elles ont été réalisées, on n'a pas senti aussi durement qu'aujourd'hui le mauvais régime économique sous lequel on vivait. Nous ouvrions nos portes aux autres, mais les autres entr'ouvraient les leurs. Si nous perdions quelque chose par l'introduction des produits étrangers qui franchissaient nos frontières, nous gagnions en revanche des débouchés nouveaux chez nos voisins.

Les choses se sont maintenues ainsi pendant quinze ans et, je le reconnais, les tableaux des douanes font foi, que le régime de 1860 n'a produit ses désastreux effets qu'après 1870, et surtout à dater du jour où nos principaux concurrents ont changé leur politique économique. Il aurait fallu faire comprendre à ces pays les beautés du libre échange, et je regrette que M. Léon Say ne se soit pas trouvé là pour les convertir à la nécessité de rester dans la voie tracée en 1860. Que voulez-vous ? Ces nations ont fini par sentir qu'elles avaient fait avec l'Angleterre un marché de dupe... (*Interruptions à droite*), qu'elles donnaient beaucoup et ne recevaient rien ; elles se dirent qu'après tout elles pouvaient se faire industrielles aussi bien que les Anglais et que, pour développer leur industrie, elles n'avaient qu'à suivre l'exemple classique de l'Angleterre et à se couvrir de tarifs. C'est de cette idée fondamentale qu'est sortie la réaction d'une partie des nations de l'Europe contre le régime de 1860.

L'Allemagne a ouvert la marche ; elle a été suivie immédiatement par l'Autriche et la Russie, plus tard par l'Italie.

Je ne parle pas de l'Amérique, qui les avait précédées.

Qu'est-il résulté de cette situation nouvelle ?

C'est que les conditions dans lesquelles fonctionnait le régime de 1860 ont été radicalement changées à notre détriment, et les résultats n'ont pas tardé à s'en faire sentir. Le premier a été la diminution de nos exportations, au fur et à mesure que les marchés des autres puissances se fermaient devant nos produits. Cette diminution personne ne peut la contester et ne la conteste.

M. Aynard. Nous la contestons formellement !

M. Edouard Lockroy. Nous l'avons tous contestée.

M. le rapporteur général. Si vous la contestez, vous viendrez l'établir à cette tribune; je serai heureux de vous entendre. Mais je vais vous donner des chiffres que vous pourrez examiner : de 1875 au 1er janvier 1889, notre commerce extérieur a perdu 8 p. 100 avec la Belgique, 14 p. 100 avec l'Angleterre, 28 p. 100 avec l'Allemagne, 39 p. 100 avec la Suisse, 55 p. 100 avec les Pays-Bas, 28 p. 100 avec l'Autriche, 11 p. 100 avec le Portugal, 83 p. 100 avec la Russie, 83 p. 100 avec la Turquie, 41 p. 100 avec la Norvège et 40 p. 100 avec la Grèce.

M. Aynard. Et cependant notre commerce extérieur a considérablement augmenté.

M. le rapporteur général. Pas avec les pays que je viens de citer.

M. Aynard. Parlez-nous des valeurs, vous serez dans la vérité.

M. le rapporteur général. Vous nous dites : Parlez-nous des valeurs! J'y arriverai tout à l'heure; car je tâcherai de répondre à toutes vos objections. Je me borne à vous faire observer dès à présent que la diminution dans la valeur des produits a été la même pour les autres que pour nous. Veuillez alors m'expliquer comment il se fait que, pendant que nos exportations diminuaient dans la proportion que je viens de vous indiquer, elles augmentaient chez les autres!

Expliquez-moi comment il se fait qu'elles augmentaient pour l'Autriche-Hongrie, pour l'Allemagne, pour la Russie et pour beaucoup d'autres pays! J'attends votre réponse.

M. Aynard. C'étaient des peuples qui n'existaient pas autrefois au point de vue industriel.

M. le rapporteur général. Je constate le fait, il est indéniable; on peut presque dire qu'il se démontre de lui-même. Il n'est pas possible que tous les peuples chez lesquels nous trouvions des débouchés aient relevé leurs tarifs sans que, dans une certaine mesure, nos exportations en aient été ralenties. J'ai examiné la question de très près. Si vous voulez l'examiner de plus près encore, je vous engage à consulter un travail fort bien fait, dû à un sous-chef du ministère du commerce, M. Henri Blancheville. Vous y trouverez l'analyse détaillée du mouvement de nos exportations et la preuve formelle qu'elles ont singulièrement diminué depuis 1875.

En face de cette constatation, je me pose cette première question : Trouvez-vous naturel, quand les autres nations nous ferment leurs portes, de continuer à leur tenir les nôtres ouvertes ? Trouvez-vous naturel que nous nous condamnions à une réciprocité si peu récompensée ?

L'abandon du régime de 1860 par les nations dont je parle a eu une autre conséquence : en même temps qu'il diminuait nos exportations, il augmentait les importations des autres, et vous en comprenez aisément les raisons...

Sur quelques bancs. La balance du commerce !

M. le rapporteur général. Nous y viendrons tout à l'heure ; je ne vous en ferai pas grâce.

Vous en comprenez, dis-je, la raison : tous les pays qui exportaient auparavant leur excédent de production chez les nations dont les tarifs venaient d'être relevés, trouvant leurs portes fermées, ont dû chercher des débouchés ailleurs ; ils les ont trouvés naturellement dans les pays où les tarifs n'avaient pas été relevés. C'est ainsi que le reflux des produits qui se dirigeaient autrefois sur l'Allemagne et l'Autriche s'est opéré sur nous. Chose curieuse, il nous est même venu de nations qui étaient dans la même situation que nous et qui n'avaient pas touché à leurs tarifs.

C'est ainsi que la Suisse, qui autrefois trouvait une issue pour certains de ses produits sur les marchés allemands et autrichiens, a dû se replier sur nous.

Je regrette infiniment, — car je professe, comme l'honorable M. Deschanel, une profonde sympathie pour cet admirable petit pays — je regrette infiniment que notre intérêt économique nous oblige à nous défendre contre lui. Mais comme enserré qu'il est, il ne peut plus pénétrer avec avantage que sur notre seul marché, nous sommes bien forcés de prendre quelques précautions pour certains produits.

En voulez-vous la preuve par quelques exemples?

Prenons le mouvement commercial pour les fromages, dont la production est si considérable en Suisse.

En 1877, elle nous envoyait seulement 7 millions de fromages. Une partie de sa production allait alors en Allemagne; le droit qui était alors, je crois, de 12 fr. en Allemagne, a été élevé à 25 fr. Qu'est-il arrivé? C'est que les fromages suisses ont reflué sur la France. Les importations, qui étaient de 7 millions en 1877, se sont élevées, en 1886, à 13 millions.

M. Aynard, *ironiquement.* Quel malheur! (*On rit.*)

M. le rapporteur général. C'est, en effet, l'avis des producteurs de fromage.

M. François Deloncle. Mais pas des consommateurs.

M. le rapporteur général. J'entends votre objection. Mais soyez convaincus que nos producteurs n'auraient pas eu de peine à produire les 6 millions de fromage formant cet excédent d'importation.

Pour les beurres, l'importation suisse, qui était de 287,000 fr. en 1877, s'est élevée, en 1886, à 1,624,000 fr.

Arrivons à l'horlogerie. L'importation, qui était de 1,218,000 fr. en 1877, s'élève à 4 millions en 1886.

Et les tissus de soie ? En 1877 l'importation suisse n'était que de 9,248,000 fr. En 1886, elle s'est élevée à 18,138,000 fr.

Pour les fils, l'importation, de 2,287,000 francs qu'elle était en 1877, s'élève en 1886 à 4 millions.

Eh bien, messieurs, je dis qu'il y a là une situation qui est de nature à attirer votre attention.

Voulez-vous continuer à laisser votre marché ouvert, quand les autres nations ferment le leur et qu'elles relèvent leurs droits ?

Remarquez que le dernier mot n'est peut-être pas dit chez nos voisins en fait de relèvement de tarifs.

Voulez-vous continuer à laisser votre marché ouvert aux produits qui se trouveront arrêtés ailleurs par des droits élevés, et qui n'ont d'autre ressource que de refluer sur la France, devenue ainsi le déversoir des autres marchés.

Voilà la seconde raison — et je la crois très sérieuse — qui me fait dire que nous sommes obligés de reviser nos tarifs de

1860, comme l'ont fait tous nos voisins avant nous.

Toute la question est de savoir dans quelle mesure nous devons le faire; mais je constate qu'à l'heure qu'il est nous y sommes condamnés, sous peine de faire preuve d'une générosité par trop chevaleresque.

J'arrive à la troisième et dernière raison qui me paraît justifier la revision nécessaire des tarifs de 1860. Cette nécessité résulte de la situation nouvelle créée à notre agriculture depuis 1860; je veux parler du développement agricole considérable de certains pays de l'Europe, surtout de l'orient de l'Europe; je veux parler surtout de l'entrée en ligne de ces peuples jeunes du nouveau monde, dotés par la nature et par leur régime politique d'avantages exceptionnels, d'un sol riche, qui produit presque sans travail et sans engrais, qui n'ont que peu ou point d'impôts, chez lesquels le taux des salaires est souvent dérisoire.

Pouvez-vous comparer cette agriculture privilégiée à notre malheureuse agriculture, obligée de rajeunir incessamment, au prix de grands efforts et de sacrifices considérables, un sol épuisé par des siècles de culture, écrasée par de lourds impôts et par

la dure obligation du service militaire ?
Pouvez-vous exiger qu'elle lutte, sans défense, contre les adversaires dont je viens
de parler ? N'est-il pas juste d'exiger des
produits agricoles étrangers la compensation de ces inégalités dont on ne saurait
rendre nos agriculteurs responsables ?
(*Très bien ! très bien !*) A ces inégalités na-
turelles et fondamentales il faut ajouter ce
que j'appellerai, pour me faire comprendre, les inégalités d'ordre économique.

M. Léon Say vous en indiquait une tout
à l'heure, c'est l'abaissement du fret. Les
distances d'autrefois étaient des remparts
bien autrement puissants que les droits de
douanes. Depuis lors le fret à baissé de 60
et même de 80 p. 100. Tous les marchés
sont aux portes de la France, et bien souvent le droit de douane n'est même pas la
représentation de la diminution du fret.

J'ai parlé aussi d'un autre facteur de la
production que mes honorables collègues
M. Aynard et M. Léon Say se refusent de
prendre au sérieux : je veux parler du change,
ou plutôt de la dépréciation dans la valeur
de l'argent qui a entraîné avec elle l'avilissement de la valeur de nos principaux produits.

M. Aynard vous a déclaré qu'il attachait peu d'importance à ce facteur, et que pour lui la dépréciation des produits tenait surtout à la surproduction et au perfectionnement des moyens de transport ; c'est tellement vrai, a ajouté M. Aynard, que, dans une des sections des plus compétentes de l'Institut, tous les membres ont été de cet avis. C'était très sévère et très compromettant pour l'Institut ; M. Léon Say l'a compris et n'a pas hésité à couvrir l'Institut de sa personne. Moins hardi que M. Aynard, il a bien voulu convenir que la dépréciation de l'argent pouvait, en fait, contribuer, dans une certaine mesure, dans les pays à étalon d'argent, à activer la concurrence que ces pays font aux produits européens. Comme M. Aynard, il a trouvé que j'exagérais le danger et pour le prouver, et il a imaginé l'histoire spirituelle du petit Hindou, dont il s'est beaucoup amusé et qui vous a beaucoup amusés aussi.

L'esprit est une bien belle chose, car il dispense de donner des raisons.

Pour moi j'aurais, je l'avoue, été grandement ébranlé en entendant des hommes aussi autorisés, aussi compétents que M. Aynard et M. Léon Say, me reprocher d'avoir fait fausse route, si je ne m'étais souvenu qu'après tout je n'avais rien inventé dans mon rapport. Je ne suis qu'un écho, un plagiaire, si vous le voulez, des plus grands financiers du monde, en commençant par M. Gibs, dont vous parlait M. Léon Say, l'éminent directeur de la Banque d'Angleterre ; M. Gibs a été tellement frappé des désastres causés par la dépréciation de l'argent, qu'il a organisé une ligue bi-métalliste où sont entrés cent membres de la Chambre des communes, qui ne professent pas la même indifférence que M. Léon Say pour cette question. (*Mouvements divers.*)

M. Aynard. Ce n'est pas la même question. Vous confondez absolument.

M. le rapporteur général. C'est celle que j'ai traitée en tous cas.

Je répète que la dépréciation de l'argent constitue pour les importateurs des pays étrangers qui ont l'étalon d'argent un avantage incontestable, qui apparaît de lui-même, puisqu'ils peuvent se faire payer leurs produits en or sur nos marchés, et que l'or qu'ils reçoivent ainsi représente une quantité d'argent d'une valeur supérieure et qui est libératoire dans leur pays. Ils peuvent, grâce à cet avantage, abaisser le prix de leurs produits sur nos marchés sans y perdre.

C'est là ce qui a le plus puissamment contribué à favoriser l'exportation des blés indiens.

Le producteur étranger trouve dans cette marge de bénéfice le moyen de diminuer ses prix de vente, tout en conservant un bénéfice pour lui et en laissant sa part à l'importateur français.

M. Aynard, faisant une diversion très habile à ce sujet, m'a dit : Comment pouvez-vous soutenir que l'intermédiaire réalise un bénéfice de 24 p. 100 correspondant à la dépréciation de l'argent ? Quelle belle fortune on pourrait faire avec un secret comme celui-là !

J'ai eu beau interrompre, dire que je n'avais pas dit cela, que j'avais dit tout le contraire, M. Aynard a continué imperturbablement. Il faut donc que j'y revienne pour répéter que l'intermédiaire ne bénéficie que d'une partie de la prime.

M. Aynard croit-il d'ailleurs que j'ignore que la dépréciation de l'argent ne s'est pas faite en vingt-quatre heures ; que, depuis 1873, époque à laquelle l'argent était au pair, elle s'est opérée par étapes successives, et que, par conséquent, on n'a pas commencé par un abaissement de 24 p. 100 ? A chacune de ces étapes l'avilissement proportionnel des cours du blé s'est produit; puis le nivellement des prix s'est fait jusqu'à ce qu'une nouvelle dépréciation ait amené une nouvelle baisse.

M. Aynard. Comme pour tous les autres produits.

M. le rapporteur général. Vous avez raison. En effet, la dépréciation de l'argent a été, dans ces dernières années, la grande cause de l'avilissement des prix de tous les produits. Et c'est là ce qui effraie les hommes prévoyants, qui ont souci de l'avenir de la production européenne. (*Applaudissements au centre et à droite.*)

L'honorable M. Say m'a prêté sur un autre point de la question monétaire une opinion plus hardie encore sans qu'un mot de mon rapport l'ait autorisé à me l'attribuer.

Il m'a reproché d'avoir dit que les pays les plus heureux sont ceux où la monnaie est dépréciée ! Je n'ai rien dit de pareil. J'ai dit que l'Inde était heureuse de profiter de la dépréciation de l'argent pour exporter son blé chez nous; mais quand, au lieu d'exporter ses produits chez nous, elle est obligée d'acheter les nôtres, c'est tout le contraire qui se produit ; car, alors, elle est obligée de nous payer en or, et la dépréciation de l'argent se retourne contre elle, ce qui prouve une fois de plus que la dépréciation de l'argent est mauvaise pour tout le monde. (*Mouvements divers.*)

Plusieurs voix. Ce n'est pas la question.

M. le rapporteur général. Je le répète, cette question préoccupe, et avec raison, tous les gouvernements. Vous me permettrez une citation, une seule, pour vous le prouver.

Le gouvernement belge, ému des conséquences qu'avait la dépréciation de l'argent pour tous les produits — car l'honorable M. Aynard a raison de dire qu'elle atteint tous les produits, aussi bien que le blé — le gouvernement belge a demandé à son consul à Madras un rapport sur les conséquences exactes de cette dépréciation. Permettez-moi de vous lire quelques lignes de ce rapport; elles sont claires et décisives :

« Le fait le plus saillant à relever tout d'abord, dit le consul belge, consiste dans la progression des exportations des céréales de l'Inde vers l'Occident, à mesure que la dépréciation de l'argent a causé la dépression du change sur l'Inde. »

Suit un tableau du mouvement de l'exportation de l'Inde de 1860 à 1885. Je ne cite que les premiers et derniers chiffres, parce qu'ils suffiront pour ma démonstration.

1868-69. — A cette époque le change est à 24 pence, ce qui met la roupie à 2 fr. 52 ; aussi l'exportation de l'Inde n'est que de 13,774 tonnes.

Montons maintenant l'échelle — je supprime les transitions, mais je vous prie de remarquer que le mouvement se continue régulièrement — « en 1885-86 le change de 24 pence est tombé à 19 pence et la roupie à 2 fr., mais alors les exportations s'élèvent à 1,053,025 tonnes.

« Les chiffres qui précèdent, continue le consul, montrent que les exportations de blés de l'Inde ont augmenté dans une proportion toujours plus grande, à mesure que le change, en s'éloignant du pair (24 pence), a permis d'abaisser de plus en plus les prix de vente de ces grains sur les marchés de l'Occident.

« La baisse du change constitue donc pour l'Inde une prime d'exportation à la fa-

veur de laquelle elle déprécie la production
des pays de l'Occident.

« Cette progression constante de la production agricole de l'Inde n'est pas à la
veille de s'arrêter. Elle a reçu, par l'énorme
baisse du change survenue en 1886, une
impulsion nouvelle, dont les résultats se
manifesteront dans deux ou trois ans : car
l'Inde est dans les conditions voulues pour
développer sa production de céréales, sans
pour cela devoir restreindre ses autres cultures. Elle comprend de vastes territoires
encore incultes, mais convenables pour les
plus belles cultures ; sa population de 250
millions atteint les cinq sixièmes de celle
de l'Europe, qui est de 300 millions, et les
deux tiers de celle de tous les pays producteurs de l'Occident, qui est de 363 millions;
la main-d'œuvre y est de 45 centimes par
jour, c'est-à-dire cinq fois moindre qu'en
Europe, où elle est de 2 fr. 40, et dix fois
moindre qu'aux Etats-Unis, où elle est de
1 dollar.

« Ces ressources productives, dont l'Inde
ne pourrait tirer qu'un parti relativement
restreint si des circonstances exception-
nelles n'ouvraient à certains de ses produits
l'accès des grands marchés consommateurs

de l'Occident, ces ressources productives, dis-je, ce sont les pays de l'Occident qui en favorisent le développement en s'abstenant de toute action de nature soit à enrayer la dépréciation de l'argent métal et, par suite, la baisse du change, soit à en contrebalancer les effets. Ils concèdent ainsi à l'Inde des avantages qui n'ont rien de commun avec les lois de l'échange, autrement dit avec le libre échange, pour vendre ses produits sur leurs marchés à plus bas prix que leurs propres produits, et cette concur·rence, déjà si désastreuse, qu'ils favorisent, ne pourra que s'aggraver si à la production de l'Inde vient s'ajouter celle des autres pays monométallistes argent de l'Orient, qui, en raison de la dépréciation de l'argent, se trouveraient dans les mêmes conditions favorables que l'Inde : la Chine, qui s'ouvre d. plus en plus au commerce étranger et qui a une population de 400 millions, et l'Indo-Chine, dont la Grande-Bretagne et la France prennent possession, et qui a une population d'environ 80 millions; ce qui porterait à 750 millions la population dont la puissance de production entrerait en lice contre celle de 365 millions d'habitants de l'Occident.

« Dans de pareilles conditions, il paraît de toute évidence que la production de l'Orient devra, à mesure qu'elle se développera, supplanter complètement celle de l'Occident. »

Telles sont, messieurs, les conclusions d'un homme qui connaît la question et dont on ne peut méconnaître la compétence ; ce sont celles de tous ceux qui l'étudient aujourd'hui. Vous avez lu sans doute comme moi, il y a quelques jours, un article publié dans la *Revue des Deux Mondes*, sous la signature d'un homme qui n'est assurément pas suspect à mes honorables adversaires au point de vue de la doctrine économique: c'est M. de Laveleye. Dans cet article il pousse un cri d'alarme sur la situation qui menace l'Europe si elle s'obstine à ne pas résoudre la question monétaire ; il voit dans l'avenir l'Amérique, exaspérée par les résistances qu'elle rencontre en Europe, décrétant la frappe libre de l'argent, se faisant monométalliste argent et dirigeant contre nous une guerre bien autrement redoutable que celle de l'Inde.

A côté de M. de Laveleye il faut placer un autre économiste belge, M. Allard, qui, lui non plus, n'est pas le premier venu. Il est directeur de la Banque de Bruxelles, et il a publié une brochure dans laquelle il explique avec la clarté de l'évidence que la perturbation engendrée par les soubresauts du change et la dépréciation de l'argent oblige l'Europe à se défendre par des tarifs douaniers et des tarifs élevés. Il donne à sa publication un titre qui exprime toute son idée : *Le change fossoyeur du libre échange.*

Il en vient jusqu'à dire que dans la situation actuelle tout traité de commerce est impossible. Le passage est à retenir et je le livre aux méditations des partisans des traités :

« Chaque phénomène de hausse ou de baisse dans le change se répercute à l'instant même sur les marchandises, et l'on se demande, non sans inquiétude, comment, sur un terrain aussi mouvant que celui des prix internationaux modifiés sans cesse par le change, il est possible de trouver une base exacte pour mesurer les droits de douane qui devront être perçus et surtout de les fixer immuablement et pour une longue période. »

Il me semble qu'une telle question valait

la peine d'être soulevée devant la Chambre et d'être examinée par elle. Je n'ai qu'un regret, c'est que la France, à l'heure qu'il est, soit peut-être le seul pays où les économistes de profession la dédaignent. Partout ailleurs elle est l'objet des études les plus attentives. Pour mon compte, je serai heureux d'avoir encouru les critiques et même les sarcasmes de mes honorables collègues, si j'ai pu attirer l'attention de mon pays sur un problème d'une pareille gravité. (*Vifs applaudissements sur divers bancs.*)

Je reviens, messieurs, à l'agriculture, dont je me suis un instant détourné. J'ai essayé de vous prouver qu'elle était atteinte par des causes d'infériorité nouvelles : l'abaissement du fret et la dépréciation de l'argent. J'en tire cette conclusion que nous sommes obligés de faire pour elle quelque chose de plus que ce que nous avons fait. Nous avons déjà fait beaucoup, je le reconnais; pouvons-nous nous en tenir là? J'entends bien que tout le monde dit : Oui, il faut protéger l'agriculture! Mais je crains que nous ne soyons pas suffisamment pénétrés de la gravité de sa situation et de la nécessité de prendre, pour venir à son secours, des mesures très efficaces.

C'est sur ce point que je voudrais attirer votre attention. Je n'irai pas chercher bien loin mes arguments. Je les trouve dans un document dont on a beaucoup parlé dans ces derniers jours; le recensement de la population. (*Nombreuses marques d'approbation.*)

Nous savons tous que, de tous les Français qui ont une profession, c'est certainement l'agriculteur qui tient le plus à la sienne, si rude qu'elle soit. C'est peut-être parce qu'elle est rude qu'il y tient.

Il aime la vie au grand air, et ce n'est qu'à la dernière extrémité qu'il va s'enfermer dans un atelier. Il n'émigre pas volontiers ; il ne quitte la terre que lorsqu'il désespère de pouvoir gagner sa vie, que lorsqu'il est découragé au point de se dire : C'est fini; il n'y a rien, plus rien à tenter. (*Aplaudissements sur divers bancs.*)

Et quand ce sentiment s'est emparé de lui, quand il va gagnant les campagnes de proche en proche, il amène ce phénomène inquiétant auquel nous assistons depuis plus de dix ans, car il ne date pas d'aujourd'hui, et je vois le mouvement se dessiner de la façon la plus sérieuse depuis 1866.

M. Leydet. Il remonte à deux cents ans,

vous pouvez relire la lettre de Fénelon à Louis XIV.

M. le rapporteur général. Oui, mais il y avait sous l'ancien régime d'autres raisons pour le cultivateur de quitter la terre que l'intérêt personnel; il y était si opprimé de toutes façons!

Je vous prie de jeter un regard attentif sur ce mouvement de la population agricole.

Je prends le recensement de 1866.

En 1866, notre population d'agriculteurs était de 19,598,000 personnes.

En 1831, elle descend déjà à 18,294,289.

Enfin en 1886 — dix ans après — elle tombe à 17,698,404 personnes.

Ce qui constitue, messieurs, de 1866 à 1881, une perte dans la classe des agriculteurs de 1,349,000 individus, et de 1866 à 1886 une perte de 1,859,713.

Est-ce que ce mouvement s'est arrêté?

Malheureusement, avant peu de jours nous apprendrons le contraire. Les premiers résultats qui nous arrivent du dernier recensement établissent que la population des grandes villes n'a cessé d'augmenter. Où s'est-elle recrutée, messieurs, si ce n'est dans la classe des cultivateurs!

M. Jules Delafosse. C'est la conséquence du service obligatoire. Les droits de douane n'y sont pour rien.

M. le rapporteur général. Je dis qu'il y a, là, messieurs, un phénomène des plus graves, un phénomène de nature à préoccuper le Parlement, parce qu'il n'a pas seulement des conséquences économiques, il a encore des conséquences nationales; si M. le ministre de la guerre était là, il serait le premier à reconnaître que tout ce qui diminue la population agricole est une cause d'affaiblissement pour l'armée.

M. le baron de Plazanet *et plusieurs autres membres.* C'est très vrai!

M. le rapporteur général. Parce que l'armée recrute parmi elle, je ne dirai pas ses défenseurs les plus braves, car tous nos soldats sont également braves, mais les les plus robustes, les plus endurcis, les plus résistants.

Tout ce qui affaiblit cet élément de recrutement de nos soldats dans un pays où la natalité devient malheureusement de jour en jour plus faible, est une cause d'affaiblissement national que nous devons conjurer à tout prix.

Il n'est pas indifférent non plus, au point

de vue de la défense du pays, que l'agriculture produise plus ou moins, et elle produira d'autant plus que la population agricole sera plus nombreuse.

Est-ce que vous croyez qu'au jour du danger la nation qui aura le plus de produits alimentaires en réserve n'aura pas de grands avantages sur celle avec laquelle elle entrera en lutte?

Si nous voulons retenir ou ramener à la terre nos agriculteurs, il faut relever leur courage, leur rendre confiance dans l'avenir, et pour cela défendre la production agricole contre la concurrence étrangère quand elle l'écrase. Il dépend de nous de relever des branches de travail agricole qui n'ont été abandonnées que parce que cette concurrence les tue.

Mais ici je rencontre l'objection qui constitue la partie essentielle du discours que vous venez d'entendre.

M. Léon Say vous dit :

« Ce que vous demandez pour l'agriculture est monstrueux au point de vue des consommateurs.

« C'est un nouvel impôt, un impôt de 4 milliards que vous aller faire peser sur eux.

« Les agriculteurs peuvent être intéressants, mais peut-on vraiment leur faire un pareil sacrifice ? »

Si cela était vrai, messieurs, j'hésiterais, ou plutôt je n'hésiterais pas, tant j'ai la conviction que le jour où l'agriculture française serait morte, tous les consommateurs seraient ruinés avec elle.

Oui, vous économiseriez au consommateur 4 milliards, mais il n'aurait plus de travail.

Car vous pensez bien que si ces 4 milliards allaient aux agriculteurs, ils ne resteraient pas dans leurs caisses; ils iraient alimenter le travail des ouvriers dans les villes. (*Très bien ! très bien! au centre et à droite.*)

Mais il ne m'est pas nécessaire, grâce à Dieu, de faire cette concession à l'honorable M. Léon Say. Ce raisonnement, qui consiste à mettre au compte de la consommation l'importance totale des droits de douanes, est faux et, par suite, l'argument de M. Léon Say tombe de lui-même.

Mettez-nous, dit-il, des impôts sur la richesse acquise, mais n'en mettez pas sur la consommation; vos droits de douane sont des impôts de consommation, et c'est pour cela que je les condamne.

« Je réponds : Si vous ne mettiez pas de droits sur les produits étrangers, si vous laissiez ces produits envahir le sol français et remplacer les nôtres, vous détruiriez la production française; et alors où serait votre richesse acquise? Vous auriez ruiné toutes les sources de la richesse? (*Très bien! très bien! au centre et à droite.*)

« Mais, je le répète, je n'accepte pas ce raisonnement qui consiste à prétendre que les droits de douanes exercent une répercussion égale à leur montant sur la valeur des objets de consommation.

« Que dit M. Léon Say : Vous proposez des droits nouveaux de douane qui représentent, sur les droits actuels et d'après le tarif minimum de la commission, un chiffre supplémentaire d'environ 140 millions. Ces 140 millions seront d'abord une charge pour les produits qui entreront, mais c'est la moindre; ils auront un autre résultat, ils relèveront d'autant tous les produits similaires des produits étrangers que vous frapperez; ils relèveront d'autant le blé, le bétail, l'orge, l'avoine. Je prends donc l'importance de ces diverses productions, je les multiplie par la valeur des droits, et je découvre que vous augmenterez l'ensemble de ces produits d'une somme de 4 milliards.

Ce n'est pas la première fois qu'on produit cet argument : il faut le réfuter une fois de plus. La Chambre me pardonnera de le faire encore, je n'abuserai pas de son attention. (Parlez! parlez!)

Je suis M. Léon Say, en prenant les deux exemples principaux qu'il a choisis.

Le premier, je le reconnais, est le plus favorable à sa thèse : il vise le droit sur le blé.

M. Léon Say nous dit : Vous ne pouvez pas nier que le droit sur le blé n'ait relevé les cours de toute sa valeur, de 3 fr. quand il était de 3 fr., de 5 fr. maintenant qu'il est de 5 fr.

Avant d'examiner ce qu'il y a de vrai dans ce raisonnement, il me sera d'abord permis, en supposant que M. Léon Say ait raison, et pour justifier le droit sur le blé, de lui demander ce qui serait advenu si on n'avait pas mis ce droit sur le blé.

En 1880, il était avéré que nos producteurs de blé se ruinaient parce que le prix du blé était tombé, grâce à la concurrence étrangère, à un taux qui n'était plus rémunérateur, à 19 ou 20 fr. l'hectolitre.

A droite. Moins que cela : à 17 fr.

M. Jules Méline. Oui, à 17 fr.

Les Chambres qui vous ont précédés ont considéré qu'il était impossible d'exiger des agriculteurs qu'ils continuassent à produire du blé dans ces conditions, et elles ont voté le droit de 3 fr. Si elles n'avaient pas pris cette mesure, que serait-il arrivé ? Ce que désire sans doute M. Léon Say : on aurait cessé de produire du blé en France, car mon honorable collègue ne suppose pas que les cultivateurs auraient continué à produire du blé à un prix de ruine. Et ce fait se serait produit d'autant plus nécessairement que, depuis cette époque, le prix du blé est encore descendu de 3 fr.

On n'aurait plus fait de blé. Nous l'aurions acheté à l'étranger, dit M. Léon Say. Mais, d'abord, croyez-vous que l'étranger vous l'aurait vendu longtemps au même prix ? Le jour où il aurait été avisé que la France renonçait à la culture du blé, l'importateur américain vous aurait-il longtemps continué les mêmes cours ? Cette année, par exemple, après un hiver aussi désastreux, croyez-vous que si, au lieu d'avoir une demi-récolte, comme heureusement nous en aurons une, nous n'avions pas de récolte du tout, vous auriez le prix du blé au cours actuel? (*Très bien! très bien! du centre et à droite.*) Par conséquent, le consommateur aurait été la première victime de votre économie. (*Très bien! très bien! sur les mêmes bancs.*)

J'ajoute que si le droit sur le blé a produit son effet entier, il convient d'en rechercher la cause.

La comparaison que M. Léon Say a faite n'est pas complètement exacte au point de vue des chiffres : il a oublié qu'à l'époque où il n'existait pas de droit, si ce n'est le droit de statistique de 0.60, qui ne peut être considéré comme un droit de douane, on constatait néanmoins un écart assez considérable entre les cours à Paris et à Londres. C'est le résultat du mouvement des marchés, résultat qui est dû à l'approvisionnement toujours plus considérable du marché de Londres. En voulez-vous la preuve?

En 1880, nous n'avions que le droit de 60 centimes, et le prix du blé a été de 22 fr. 90 en France et de 18 fr. 97 en Angleterre. Donc, pendant cette année 1880, où il n'y avait pas de droit, vous l'entendez bien, l'écart entre le prix du blé dans les deux pays a été de 3 fr. 93, près de 4 fr., c'est-à-dire plus que le droit de 3 fr.

L'année suivante — car ce n'est pas un phénomène isolé — les chiffres sont les suivants : 22 fr. 28 pour la France et 19 fr. 49 pour l'Angleterre. L'écart est de 2 fr. 79, en présence du droit de 60 centimes. En 1882, l'écart est de 2 fr. 21.

Vous voyez donc que, bien avant l'établissement du droit, on constatait toujours une différence assez sensible entre les prix du blé en France et en Angleterre.

Il faudrait donc déjà faire cette déduction, et ce serait seulement la différence entre les chiffres que je viens de citer et le montant du droit actuel qui représenterait le véritable effet du droit. C'est tellement vrai qu'après 1885, quand le droit de 3 fr. a été voté, il n'a pas produit de suite son effet. En 1885, l'écart a été de 2 fr. 75 ; en 1881, avec le droit de 60 centimes, l'écart avait été de 2 fr. 79. Ne dites donc pas que c'est le droit seul qui a relevé le prix du blé et qui constitue l'écart entre le marché français et le marché étranger. (*Marques d'approbation sur un grand nombre de bancs.*)

Maintenant je vous fais volontiers cette concession que depuis deux ans le droit a produit son plein effet, mais parce que nos récoltes ont été insuffisantes.

Il faut bien voir le but que nous poursuivons en protégeant notre agriculture. Si nous ne l'avons pas encore atteint, c'est qu'il n'est pas possible, du jour au lendemain, de transformer la production agricole. Ce but que nous poursuivons, — et nous l'atteindrons, j'en ai la conviction, avant dix ans, — c'est d'amener la France à produire assez de blé pour se suffire. (*Très bien ! très bien !*)

C'est ainsi qu'on arrivera à abaisser les prix sur les marchés français. (*Très bien ! très bien !*)

Oui, j'ai la conviction que si vous ne découragez pas cet admirable mouvement de confiance qui anime et entraîne nos cultivateurs, avant dix ans ce résultat sera atteint et vous obtiendrez ainsi, sans sacrifice, le véritable bon marché du blé que vous rêvez pour le consommateur.

Actuellement, le droit sur le blé n'a pas produit son effet parce que le développement de la production n'a pas été suffisant, et cependant il est constant. M. Grandeau a constaté que, depuis que le droit existe, les rendements se sont accrus de 11 p. 100. Ce n'est pas assez; mais c'est une indication de ce que l'agriculture est capable de faire quand elle se sent soutenue. (*Très bien! très bien! au centre et à droite.*)

Ceci dit, j'écarte l'argument sur le blé, et cependant je concède à M. Léon Say que le droit sur le blé est la seule taxe qui soit de nature à donner une apparence plausible à son raisonnement.

Mais a-t-il raison pour les autres taxes? M. Léon Say a glissé légèrement sur les autres productions qui intéressent l'alimentation publique. Disons un mot du sucre, par exemple.

En 1884, le Parlement a voté une loi qui était à la fois une loi de protection douanière et une loi de protection intérieure. On a voulu développer ainsi les progrès de cette industrie. A-t-elle répondu à ce qu'on attendait d'elle?

Il me semble que les chiffres le démontrent surabondamment.

Je ne parle pour le moment — remarquez-le — que du sucre brut; je dirai tout à l'heure un mot du sucre raffiné. La loi qui a été faite vise le sucre brut; elle alloue des primes aux fabricants, qu'elle entend protéger contre l'étranger. En échange, elle leur demandait de suffire à la consommation française : car vous vous rappelez que lorsque cette loi a été votée, la France était encore tributaire de l'Allemagne pour 30 millions environ de sucre brut.

M. Peytral. En 1884, nous avions déjà une production supérieure à notre consommation.

M. le rapporteur général. Je vous demande bien pardon ; il faut prendre la moyenne avant 1884. D'ailleurs, voici les cours de 1883 et de 1891 : en 1883, à Paris, le cours du sucre brut, du sucre tel qu'il est fourni aux raffineurs, était de 50 fr. 75 ; en 1891, il est de 35 fr. 50.

Cette réduction dans les prix est due à une meilleure façon de travailler, aux efforts faits par les cultivateurs pour développer la richesse de la betterave, et par les fabricants pour en extraire la quantité la plus considérable du sucre qu'elle contient.

Peut-être me fera-t-on cette objection : Sans doute le prix du sucre a diminué en France ; mais cette diminution s'est également produite sur les marchés étrangers. Par conséquent, il ne suffit pas, pour justifier cette assertion que l'intérêt des consommateurs a reçu satisfaction, de dire que le prix du sucre a baissé en France. Nous reconnaissons que le prix a baissé; mais si le sucre se paye aussi moins cher à l'étranger, le consommateur étranger a un avantage sur le consommateur français.

Messieurs, c'est inexact, même en ce qui concerne le sucre brut. Voici les cours : en 1891, à Paris, le cours du sucre brut était de 35 fr. 50; en Belgique, il était de 35 fr. 25, et il n'existe pas de droit dans ce pays; en Angleterre, il était de 34 fr. 40, soit une différence de 1 franc; en Allemagne, il était de 34 fr. 03.

Osera-t-on dire que la taxe a produit son effet? M. Léon Say, dans son calcul, ajoute le droit de 7 fr. et relève d'autant le prix du sucre. Cette façon de raisonner est erronée, car la taxe de 7 fr. qui existe sur le sucre brut ne produit pas même un effet de 1 fr. Cependant tout le calcul de M. Léon Say consiste à multiplier la production totale du sucre brut par 7. (*Très bien! très bien!*)

Je reconnais que l'argument est un peu plus vrai pour le sucre raffiné; mais ce n'est pas encore tout à fait exact. Le sucre raffiné est protégé par une surtaxe de 8 fr. Actuellement, il vaut 42 fr. à Londres et 47 fr.

à Paris. C'est une différence de 5 centimes au lieu de 8 centimes par kilogramme.

Quelle est la raison de cet écart ?

Pourquoi le sucre raffiné coûte-t-il plus cher en France qu'à Londres, alors que nos raffineurs ont l'avantage d'obtenir leur matière première à un prix qui n'est pas plus élevé qu'à Londres ? C'est parce que la surtaxe joue presque en entier pour les raffineurs, grâce à leur organisation, à leur syndicat, au monopole du marché qu'ils possèdent.

Si M. Léon Say trouve la surtaxe sur le sucre raffiné trop élevée, il peut venir ici en proposer l'abaissement. (*On rit.*) Mais je constate que même cette surtaxe ne produit pas son plein effet.

Arrivons au bétail.

Ici, messieurs, j'ai été plus surpris encore de l'affirmation de l'honorable M. Léon Say. La viande est, en effet, un des produits d'alimentation les plus importants, les plus nécessaires. M. Léon Say assure que le résultat des droits que l'on a mis ou que l'on mettra sera d'augmenter la dépense du consommateur de 240 millions.

J'oppose à l'assertion de M. Léon Say l'histoire de ce qui s'est passé depuis dix ans. Nous avons relevé à deux reprises, en 1885 et en 1887, les droits sur le bétail, et dans une proportion considérable, puisque le droit sur les bœufs a été porté de 15 à 38 fr. Eh bien, le producteur, depuis cette époque, a-t-il vendu son bétail à des prix augmentés de toute l'importance du droit? a-t-il relevé ses prix de façon à constituer pour le consommateur étranger un avantage sur le consommateur français?

J'ai eu la curiosité bien légitime, avant d'aborder cette discussion, de faire une enquête approfondie sur le mouvement des marchés du bétail depuis l'établissement des droits dont je viens de parler. J'ai sous les yeux un tableau très exact, fort complet, que j'ai fait dresser, qui commence à 1879, — bien avant que nous ayons mis un droit sur le bétail, — et qui finit à 1891.

Je puis donner les chiffres par année et par moyenne de quatre années. Je vous ferai grâce des années, parce que ce serait une trop longue énumération : les moyennes suffiront pour ma démonstration.

Passons donc en revue les différentes catégories de bétail dont les droits ont été relevés.

Voici d'abord le cours officiel du bétail

sur pied vendu au marché de la Villette, pour la première quinzaine de chaque année — j'ai pris une époque toujours la même. Par « bétail sur pied », j'entends le bétail amené par le cultivateur au marché et non pas le bétail vendu par le boucher, auquel nous passerons tout à l'heure.

Combien le cultivateur a-t-il vendu son bétail ?

De 1880 à 1883, pour le bœuf, le prix moyen était de 1 fr. 41 le kilogr.; de 1884 à 1887 — après que nous avons établi nos droits — il a été de 1 fr. 40, soit 1 centime en moins. De 1888 à 1891, il a été de 1 fr. 29.

Voilà pour le bœuf.

Passons au veau.

Pour la première période le prix a été de 1 fr. 91; pour la seconde, de 1 fr. 79; pour la troisième, de 1 fr. 73 — toujours en décroissance, comme vous voyez.

Pour le mouton, cependant si cher chez le boucher, le prix a été dans la première période : 1 fr. 72; dans la seconde, 1 fr. 61 ; dans la troisième, 1 fr. 66.

Pour le porc : 1re période, 1 fr. 41 ; 2e période, 1 fr. 29 ; 3e période, 1 fr. 24.

Ainsi, messieurs, pour les quatre catégories de bétail qui constituent la plus grande partie de l'alimentation publique, je trouve depuis 1881 une baisse croissante du prix des produits agricoles.

J'ai voulu faire la contre-épreuve, j'ai demandé le prix de la viande abattue vendue aux bouchers de Paris aux mêmes dates. Ce contrôle m'a paru nécessaire. La viande abattue est vendue aux bouchers aux prix de la Villette, et par conséquent son prix a pour base le prix de vente du cultivateur. Eh bien, vous allez voir, messieurs, que si les bouchers ont augmenté le prix de la viande, ce n'est pas la faute du producteur.

Voici les moyennes par période de quatre ans : Ce sont les prix par 50 kilogr.

Pour le bœuf : 1880-1883 62 à 78 fr.
— 1884-1887 61 à 78
— 1888-1891 55 à 71

Pour le veau : 1re période 96 à 118
— 2° période 95 à 115
— 3° période 76 à 110
toujours en décroissance !

Pour le mouton : 1re période 74 à 88 fr.
— 2e période 69 à 84
— 3e période 67 à 84

Pour le porc : 1re période 70 à 78
— 2e période 59 à 67
— 3e période 54 à 59

Ici encore nous retrouvons une forte décroissance.

Je ne me suis pas contenté de cette vérification. J'ai prévu l'objection que me font beaucoup de mes collègues, que vient de me faire M. Léon Say et qui est la suivante : Il est possible que le prix de la viande se soit abaissé en France, mais il s'est abaissé dans les mêmes proportions à l'étranger.

Eh bien, c'est encore là une erreur. Vous voyez dès lors ce que deviennent les calculs de M. Léon Say ! J'ai fait faire le relevé des prix du bœuf, du veau, du mouton et du porc sur trois marchés : ceux de Paris, de Londres et de Genève, et voici les chiffres qui résultent de ce travail :

En 1885, le prix du bœuf à Paris a été de 1 fr. 39 par kilogramme de viande nette ; à Londres, de 1 fr. 64, plus cher qu'à Paris ; à Genève, de 1 fr. 45 — prix encore plus élevé que celui de Paris.

Je passe immédiatement à 1890. Pour les autres années, les résultats sont les mêmes, sauf pour deux semaines en 1891, les gelées ayant empêché les arrivages de bétail à Paris.

Prenons les prix des trois marchés en 1890. Nous trouvons qu'à Paris le bœuf est à 1 fr. 44; à Londres, à 1 fr. 50; à Genève, à 1 fr. 58.

Pour le veau, en 1885, nous trouvons 1 fr. 72 à Paris, 1 fr. 90 à Londres, 2 fr. 12 à Genève. En 1890, nous relevons les prix suivants : 1 fr. 74 à Paris, 2 fr. 08 à Londres, 2 fr. 29 à Genève. — C'est la viande la plus chère.

Le mouton, en 1885, coûte 1 fr. 62 à Paris, 1 fr. 90 à Londres, 1 fr. 69 à Genève. En 1890, 1 fr. 84 à Paris, 2 fr. 10 à Londres, 1 fr. 57 à Genève. — C'est la première fois que nous rencontrons une différence au préjudice de Paris.

Pour le porc, en 1885, les prix sont de 1 fr. 23 à Paris, 1 fr. 30 à Londres, 1 fr. 30 à Genève. En 1890, 1 fr. 38 à Paris, 1 fr. 22 à Londres — un peu meilleur marché, 1 fr. 40 à Genève.

Voilà ce que disent les mercuriales officielles, indiscutables. Voilà leur réponse aux raisonnements de M. Léon Say! Je demande maintenant à notre honorable collègue de me dire comment il peut justifier sa thèse, quand je lui prouve que les droits sur le

bétail établis à deux reprises successives,
loin d'augmenter le prix de la viande, l'ont
abaissé; quand je lui prouve que, grâce aux
efforts constants des cultivateurs français,
la viande coûte moins cher en France que
dans les pays voisins.

Il me semble que j'ai maintenant le droit
de conclure.

Je pourrais étendre ces comparaisons.
Plus tard, je ferai si j'en ai l'occasion
la même comparaison pour les produits
industriels; car M. Léon Say pourrait
reproduire cent fois son argumentation,
cent fois je la réfuterais. Je prendrai
les cours des principaux produits industriels, et je montrerai que neuf fois sur
dix le droit ne produit pas tout son effet;
je puis le démontrer notamment pour les
filés et les tissus de coton. C'est qu'en
effet le droit est payé en grande partie
par l'importateur, quoi qu'en dise M. Léon
Say; et puis, il n'est pas nécessaire qu'il
produise toujours son effet. Quand nous
arriverons au chapitre des industries j'expliquerai le rôle des droits de douane. Aussi
bien, j'ouvre ici une parenthèse pour donner un exemple qui fera comprendre très
facilement ma pensée.

A quoi sert par exemple le droit de douane pour la filature? Ce n'est pas précisément à arrêter en toutes circonstances les filés de coton anglais ; le droit sert surtout à la protéger dans les moments de crise. Quand l'Angleterre est dans un état normal, lorsqu'elle trouve ses débouchés ordinaires, le droit est souvent sans utilité ; mais lorsque la production de la filature anglaise se trouve refoulée sur un point quelconque du globe, lorsque cette production de 40 millions de broches — en face des 4 millions de broches françaises —se trouve arrêtée quelque part, elle reflue comme une masse énorme sur le marché français. Voilà à quoi sert le droit qui protège la filature. (*Très bien ! très bien !*)

M. Ricard. C'est très vrai!

M. le rapporteur général. Voilà à quoi servent la plupart des droits de douane.

Mais je reviens à la production agricole. Les droits qui la protègent n'auront pas les effets que nous a indiqués M. Léon Say. Le calcul de notre honorable collègue est inexact. Et pourquoi les droits de douane ne produisent-ils pas tous ces effets? Mais parce que la protection douanière a pour but et pour résultat d'abaisser progressivement la valeur des produits agricoles, bien loin de produire le renchérissement de ces produits. Elle amène la production intérieure à se développer, de façon à donner satisfaction à la fois au producteur et au consommateur.

M. Aynard. Voilà longtemps que nous l'attendons, ce résultat !

M. le rapporteur général. Et c'est uniquement sur ce terrain que je trouve la véritable conciliation de ces deux intérêts que M. Léon Say a le grand tort d'opposer l'un à l'autre. Pourquoi le prix du bétail n'a-t-il pas augmenté, malgré les droits qui frappent ce produit ? Mais parce que le but poursuivi a été atteint, parce que depuis six à dix ans la production du bétail, à la connaissance de tous ceux qui vivent dans les campagnes, s'est développée dans des proportions énormes. (*C'est vrai ! — Très bien !*) et ce fait a été relevé par M. Grandeau lui-même, qui certes n'est pas suspect. M. Grandeau, faisant la comparaison des cinq dernières années, a dit: Il y a cinq ans, vous achetiez encore pour 173 millions de bétail à l'étranger, et cette année vous ne lui en achetez plus que pour 11 millions; vous avez pourvu à la différence. Il y a des

branches de production de bétail qui non
seulement suffisent aux besoins de la consommation en France, mais qui encore sont
arrivées à exporter.

Voilà le résultat de ces lois douanières
qu'on dénonce comme ayant pour effet de
peser de tout leur poids sur le consommateur ! En réalité, elles soutiennent le producteur et bénéficient au consommateur
lui-même. (*Applaudissements sur divers
bancs.*)

Mais, avant de terminer sur cette question, je tiens à compléter ma pensée.

Je vous ai prouvé, messieurs, que le producteur agricole vendait ses produits, malgré les droits de douane, à des taux de plus
en plus bas, et que cette baisse de prix devrait profiter au consommateur ; mais je ne
puis pas m'en tenir là. Je veux pousser mon
examen plus loin, car c'est ici que je rencontre le véritable grief du consommateur,
— et celui-là est très légitime.

Oui, c'est vrai, malgré que le prix de la
production agricole se soit abaissé pour les
principales matières alimentaires, le consommateur — cela est triste à constater —
paye les mêmes objets toujours plus cher.
Voilà pourquoi il est si facile à nos honora-

bles collègues d'ameuter le consommateur contre nous et de nous dénoncer à son mécontentement et à sa haine. (*Marques d'assentiment.*)

Oui, c'est très facile! On lui dit : « Vous payiez votre viande, il y a dix ans, beaucoup meilleur marché qu'aujourd'hui. Ce sont ces gens du parti protectionniste qui qui en sont la cause ; c'est à eux que vous devez l'augmentation du prix de la viande. »

Messieurs, je vous ai démontré le contraire, à savoir que ce n'était pas le droit de douane qui entraînait la cherté, puisque le producteur agricole ne vendait pas son bétail plus cher. Mais je constate que le prix de la viande n'a cessé d'augmenter, ainsi que le prix de beaucoup d'autres objets d'alimentation. A quoi cela tient-il ?

C'est qu'entre le producteur et le consommateur se sont glissés une série de spéculateurs très habiles... (*Applaudissements répétés sur divers bancs.*)

M. le colonel baron de Plazanet. Voilà la vérité!

M. le rapporteur général. ... qui, eux, trouvent toujours le moyen de gagner quand le producteur est en perte.

Je ne veux rien exagérer. J'admets très

bien l'intermédiaire ; son rôle peut être utile.

Il y en a eu, il y en aura toujours, il y a des intermédiaires utiles ; on ι voit partout. (*Marques d'assentiment.*) Mais je dis que là où un intermédiaire suffit, il n'en faudrait pas dix !

M. Aynard. Nous sommes tout à fait d'accord avec vous là-dessus.

M. le rapporteur général. Je dis que quand entre le producteur et le consommateur se glissent dix intermédiaires qui retirent chacun leur bénéfice, leur commission, il n'est pas surprenant que quand le produit arrive au consommateur son prix se trouve majoré dans des proportions invraisemblables. Voilà le mal, et il ne fait malheureusement que grandir depuis quelques années.

Je vous disais tout à l'heure, les tableaux de recensement en mains, ce qui s'est passé dans la classe des cultivateurs ; voulez-vous savoir maintenant ce qui s'est passé dans la classe des commerçants qui comprend les intermédiaires ? C'est la contre-partie, mais elle est saisissante et instructive.

Voici les chiffres : En 1866, il n'y avait

que 1,517,000 personnes appartenant à toutes les catégories du commerce ; en 1881, il y en a déjà 3,843,000, et enfin en 1886 nous en trouvons 4,247,764.

M. Peytral. Comment s'appellent-ils ?

M. le rapporteur général. C'est la classe des commerçants ; mais c'est dans cette catégorie que se trouvent les intermédiaires.

M. Aynard. Les libéraux ont combattu aussi énergiquement que vous les intermédiaires. Vous confondez les cabaretiers avec les commerçants.

M. Charles-Roux. C'est exact : je proteste au nom du commerce !

M. le rapporteur général. Messieurs, il ne faut pas me faire dire ce que je ne dis pas !

M. Peytral. Il faudrait cependant établir une différence !

M. le rapporteur général. Je ne dis pas — c'est trop évident — que la classe qui, dans le tableau de recensement, est placée sous la rubrique « Commerce », ne comprend que les intermédiaires ; je me borne à dire qu'elle les comprend et qu'il est démontré — c'est l'évidence même — que si cette classe s'est accrue dans des proportions considérables, c'est qu'elle a bénéficié

de cette augmentation des intermédiaires
que personne ne nie ici.

M. Charles-Roux. Vous comprenez, par
conséquent, les commerçants parmi ceux
que vous appelez les intermédiaires.

M. le rapporteur général. Il y a différentes catégories d'intermédiaires. Je ne
refuse pas de m'expliquer; ma pensée est
bien claire, et j'espère que l'expression ne
me fera pas défaut pour la rendre.

Je ne nie pas, je le répète, l'utilité des
intermédiaires, à plus forte raison celle
des commerçants, et M. Roux me connaît
assez pour savoir que je reconnais plus que
personne l'utilité du commerce et les ser-
vices qu'il rend. J'examine en ce moment
une situation; je recherche quel est le
nombre des personnes qui s'interposent
entre le consommateur et le producteur; je
calcule ce qu'elles coûtent au consommateur.

Je dis que, s'il n'y a qu'un intermédiaire, il peut avoir sa raison d'être, mais
que s'il y en a dix c'est un malheur. Je le
dis avec l'autorité même de nos adversaires. J'ai sous les yeux une délibération
de la société d'économie politique de Lyon,
où je trouve ce passage, qui est significatif

et qui prouve combien nous sommes en retard sur nos voisins à ce point de vue :

« Sans nier l'utilité des intermédiaires... » — je ne la nie pas davantage — «... ces messieurs ont démontré que les intermédiaires étaient trop nombreux en France. Chez nous, le nombre des intermédiaires du commerce en général est de 12 p. 100... » — retenez ce chiffre, messieurs, — «... tandis qu'en Allemagne ce chiffre dépasse à peine 6 p. 100. » Voilà la proportion.

Voici maintenant une analyse de notre situation, que je vous demande la permission de mettre sous vos yeux, parce qu'elle exprime d'une façon très exacte le mal que nous fait la multiplicité des intermédiaires. Je l'extrais d'un travail qui ne sera pas suspect à mes adversaires, car il émane de M. de Foville :

« Là où dix marchands de la même espèce, dit M. de Foville, vivraient à l'aise en ne faisant subir à leur marchandise que de faibles plus-values, il s'en établit 15, 20, 30. L'importance moyenne des clientèles diminue d'autant, et chaque vendeur devant tirer d'un nombre d'acheteurs de plus en plus réduit le remboursement de ses frais, les prix s'élèvent sur toute la ligne. La concurrence, en pareil cas, loin de modérer l'essor des prix, les fait tous ensemble monter bien au delà de leur niveau normal, comme elle fait dans certaines futaies monter tous ensemble à des hauteurs démesurées des arbres qui, trop serrés les uns contre les autres, se disputent vainement l'air et la lumière. C'est ainsi que le détaillant arrive si souvent à augmenter de 50, 100 p. 100 et même davantage la valeur de tous ses produits. Notre enquête nous a fourni de nombreux exemples de ces ruineuses majorations. »

A gauche. Alors il ne devrait plus y avoir que de grands magasins !

M. le rapporteur général. Voilà une catégorie d'intermédiaires ; celle-là menace surtout le consommateur. Il y en a d'autres qui s'attaquent au producteur en provoquant, en favorisant surtout l'importation des produits étrangers. Le nombre en augmente aussi chaque jour. Je ne parle pas seulement des petits intermédiaires, des petits courtiers ; il y a au-dessus d'eux tout un état-major peu nombreux, mais puissant, qui brasse les affaires par millions et qui n'admet pas qu'on réduise ses bénéfices en diminuant l'importation étrangère.

Voilà nos véritables adversaires, ceux qui ne nous pardonnent pas de prendre en main l'intérêt des producteurs ; ce sont ces importateurs mécontents qui mènent contre nous la campagne bruyante et violente à laquelle nous assistons depuis plusieurs mois. (*Applaudissements sur un grand nombre de bancs.*)

Pour nous attaquer il faut bien qu'ils prennent un masque. Autrement que pourraient-ils faire ? Ils n'oseraient jamais se présenter devant vous et vous dire : Nous demandons qu'on laisse la porte large ouverte à l'importation des produits étrangers parce que c'est sur le produit étranger que nous réalisons les plus gros bénéfices, car vous leur répondriez, avec juste raison, que vous ne pouvez pas sacrifier la masse immense des producteurs français à quelques intérêts particuliers.

C'est alors qu'ils ont pris en main l'argument et la cause du consommateur : Ce n'est pas nous que nous défendons, viennent-ils dire à cette tribune, c'est le consommateur ; nous ne songeons qu'à lui (*Nouveaux applaudissements*) ; nous sommes la masse, l'intérêt général, et vous, vous êtes le privilège, l'intérêt particulier.

Eh bien! il ne faut pas que la Chambre s'y trompe; il faut qu'elle voie bien quels sont les véritables adversaires qui sont en face de nous et à quelle petite oligarchie ils se réduisent. (*Très bien ! très bien !*)

Un membre à gauche. Supprimez les chemins de fer!

M. le rapporteur général. Et maintenant, messieurs, vous savez ce qui vous reste à faire.

En ce qui concerne le nombre des intermédiaires, je reconnais que vous n'avez pas de moyen direct d'opérer et de guérir la maladie; mais il y a des moyens indirects, et ils sont entre vos mains.

Si le nombre des intermédiaires augmente et si celui des producteurs diminue, il ne faut pas se le dissimuler, c'est qu'il y a plus de profit et moins de risques à être intermédiaire qu'à être producteur. Je ne vous demande pas d'enlever à l'intermédiaire ses profits, mais je vous demande d'augmenter ceux du producteur.

Voyez ce qui se passe dans nos campagnes. Quand un cultivateur a un petit pécule et qu'il sent qu'il se ruine, il le réalise et va à la ville pour se faire à son tour intermédiaire; il se dit : Qu'importent maintenant la hausse ou la baisse des produits? qu'il y ait des gelées, des intempéries, des désastres comme en 1891, je gagnerai toujours ma vie ; cela vaut mieux que d'être agriculteur.

Vous pouvez réagir contre une tendance pareille, et pour cela il n'y a qu'un moyen. Vous ne pouvez pas décourager directement les intermédiaires de leur métier, mais vous pouvez encourager les producteurs à produire (*Très bien ! très bien ! à droite et au centre*), retenir les agriculteurs à la terre, les industriels dans leur profession, les ouvriers à l'atelier ; vous le pouvez par un bon régime économique qui encourage le travail.

C'est par ce côté que la question est si haute et si digne de vos préoccupations.

C'est une grande œuvre que la Chambre, j'en ai la conviction, saura accomplir, et qui lui fera le plus grand honneur. (*Très bien ! très bien !*)

Je demanderai à la Chambre de vouloir bien renvoyer la suite de la discussion à demain, parce que je vais entrer dans un

autre ordre de considérations. (*Vifs applaudissements sur un grand nombre de bancs.*)

Voix nombreuses. A demain ! à demain !

M. le président. Il n'y a pas d'opposition
au renvoi ? (*Non ! non !*)

La suite de la discussion est renvoyée à
demain.

Séance du Mardi 12 Mai 1891.

La parole est à M. le président de la commission des douanes.

M. Jules Méline, *président et rapporteur général de la commission.* Messieurs,
j'ai essayé de dégager devant vous ce
que j'appelle les raisons directes qui
nous obligent à reviser les tarifs de 1860
dans un sens plus protecteur de notre agriculture et de notre industrie. J'en ai fini
avec ces raisons directes, et je n'y insiste
pas davantage ; j'y insiste d'autant moins
que je constate que mes adversaires ne les
contestent pas au fond sérieusement ; ils
les acceptent pour la plupart. Seulement, en

les acceptant ils font une réponse qui, je n'hésite pas à le dire, se place à côté. Ils nous disent : « A quoi bon tant revenir sur le passé ; à quoi bon examiner la façon dont les traités ont été faits en 1860, ce qui s'est passé depuis, les événements qui se sont accomplis et qui nous obligent, selon vous, à introduire des changements sérieux dans notre régime économique actuel. A quoi bon tout cela ? On juge un système économique à ses résultats, comme on juge l'arbre à ses fruits. Or, pouvez-vous soutenir sérieusement que celui de 1860 a été mauvais pour la France ? Examinez la situation de ce pays, considérez l'état de sa richesse et dites-nous si le sytème qui a produit ces résultats est aussi détestable que vous le prétendez ? Peu importe ce qui s'est passé depuis 1860, si, encore une fois, la France n'a pas eu à en souffrir. »

Nos adversaires énumèrent alors complaisamment — et cela est facile — les symptômes qui révèlent cette richesse, depuis l'augmentation des dépôts dans les caisses d'épargne et dans les établissements de crédit jusqu'à la merveilleuse situation de la Banque de France, jusqu'aux statistiques successorales, qui établissent la progression ascendante de la fortune publique.

Telle est l'argumentation, ou plutôt tel est l'argument essentiel, je pourrais presque dire l'argument unique de nos adversaires. Il convient de l'examiner de très près. Je vais l'essayer.

Je n'éprouve aucun embarras à faire à mes adversaires...

M. Félix Faure. A vos contradicteurs!

M. le rapporteur général. Vous avez raison, à mes contradicteurs, « adversaires » est une façon de parler. Je n'éprouve aucun embarras à faire à mes contradicteurs une concession, qui ne me coûte pas, sur le fait lui-même. Je n'ai jamais soutenu que la France fût ruinée, et je ne le soutiens pas davantage en ce moment; je reconnais qu'elle est riche. Je demanderai cependant à faire quelques réserves sur ce point. Je crois qu'il serait imprudent de trop nous enivrer. Certes, la France est un des pays les plus riches, si l'on entend par là qu'elle est un des pays où le capital mobilier est le plus considérable et surtout le plus aisément mobilisable.

Certes, c'est un grand avantage pour le crédit public dans les temps ordinaires; je suis obligé de dire que ce serait peut-être un grand inconvénient dans certaines circonstances difficiles. Pour ma part, j'aimerais mieux que ces capitaux improductifs qui dorment dans nos grands établissements de crédit se dirigeassent du côté des entreprises du travail; on les verrait moins sans doute, mais existeraient ils moins pour cela? (*Très bien! très bien!*)

Je reconnais cependant que l'argumentation de nos adversaires est fondée, — sans l'exagérer, encore une fois, sans lui attribuer l'importance qu'ils lui donnent. Ainsi, j'écarte dans une certaine mesure l'argument qu'ils tirent des statistiques successorales, en faisant observer à la Chambre que ces statistiques ne donnent de résultats que si on limite à quelques années de distance les comparaisons que l'on en veut tirer. Vous ne devez pas oublier, en effet, que, par des lois successives, vous avez complètement modifié, depuis dix ans, les bases de perceptions en matière de succession. Vous avez relevé le taux de capitalisation des immeubles; par des lois très sévères, vous avez permis d'atteindre certains éléments de la richesse mobilière qui auparavant échappaient à la main du fisc, c'est ainsi que vous êtes arrivés à relever considérablement les résultats des statistiques successorales. Si on voulait, messieurs, se rendre compte du véritable état de la richesse publique, il ne faudrait peut-être pas se demander ce qu'il y a dans les caisses des grands établissements de crédit. Il faudrait se demander si les fortunes particulières ont augmenté. Eh bien ! si je regarde autour de moi, j'avoue que j'en doute un peu ; dans ces dernières années, en tout cas, il m'apparaît que ce ne sont pas les fortunes immobilières qui ont augmenté.

M. Aynard, *ironiquement.* Ce sont celles des intermédiaires !

M. le rapporteur général. Je me résume, messieurs, et je dis : Il reste ceci de démontré — et je le reconnais — que la France est un pays riche. Mais, que mes honorables adversaires me permettent de le leur dire, ce n'est pas la question. La question n'est pas de savoir si la France reste un pays riche ; la question est de savoir si elle est riche à cause du régime de 1860 ou malgré ce régime ; la question est de savoir dans quelle mesure elle a profité ou souffert des tarifs de 1860. Voilà, messieurs, ce qu'il faut examiner.

Comment pouvons-nous juger du régime économique sous lequel nous vivons depuis 1860? Ce régime a eu pour but de régler nos échanges vis-à-vis de l'étranger; il faut donc bien, de toute nécessité, que je me résigne à examiner le mouvement de ces échanges. Pour cela — j'en demande bien pardon à mes adversaires — je ne puis faire autrement que d'étudier les tableaux de douanes. L'honorable M. Léon Say ne les aime pas; dans son Ecole, — j'en ai fait souvent la remarque, — on n'aime pas les tableaux de douanes quand ils sont gênants, mais on les invoque très volontiers quand on peut en tirer argument. (*Rires approbatifs.*) Mais enfin, j'ai le regret de le dire, l'honorable M. Léon Say, comme moi, n'a pas d'autre moyen d'étudier une question pareille. Les tableaux de douanes s'approchent aussi près que possible de la vérité et je n'imagine pas qu'on puisse reprocher sérieusement à l'honorable M. Pallain de les avoir fait fabriquer exprès pour les protectionnistes.

M. Pallain, *directeur général des douanes, commissaire du Gouvernement.* Les statistiques de la douane sont dressées avec la plus consciencieuse exactitude.

M. le rapporteur général. M. le directeur des douanes a absolument raison. Il est, en effet, reconnu dans toute l'Europe qu'il n'y a pas de tableaux de douane plus consciencieusement dressés et donnant des idées plus exactes du mouvement des échanges que les nôtres.

Eh bien! messieurs, interrogeons-les pour savoir ce que la France a retiré depuis 1860 de son régime économique.

Je ne ferai pas passer beaucoup de chiffres sous vos yeux; je tâcherai qu'au moins ceux que je citerai soient clairs et décisifs.

Comparons l'état de la France au moment où on a fait les traités, en 1859, et l'état actuel; nous prendrons plus tard les époques intermédiaires pour rendre la démonstration encore plus sensible.

Quelle était, en 1859, la situation de la France au point de vue de ses échanges avec l'étranger? La voici : Quand la France avait payé à l'étranger tout ce qu'elle lui avait acheté, c'est-à-dire le montant des produits qu'elle importait, il lui restait, grâce à ses ventes, à ses exportations, qui, à cette époque, étaient relativement considérables, il lui restait sur l'étranger une créance de 626 millions. C'est un fait que je vous prie de retenir; vous en verrez tout à l'heure l'importance. La France, en 1859, était créancière de 626 millions, c'est-à-dire que sous une forme ou sous une autre, argent, papier de banque, retours de tous ordres, elle recevait de l'étranger 626 millions.

On fait les traités en 1860. Dix ans après, je consulte les mêmes tableaux de douanes et je constate que la France, après avoir payé à l'étranger le montant de ses importations, en en déduisant la recette de ses exportations, est débitrice de 78 millions. C'est un changement considérable.

En 1888, — je prends cette année, sur laquelle je vous demande la permission de raisonner d'une manière générale, parce que c'est la dernière pour laquelle nous ayons des résultats certains; les années 1889 et 1890 ont été tellement affectées par l'Exposition, que je ne pense pas qu'on puisse en tirer des comparaisons sûres...

M. Aynard. Elles vous gênent!

M. le rapporteur général. Nullement! Je ne refuserai pas d'en parler; mais je répète que la comparaison est plus sûre en prenant l'année 1888.

La France, en 1888, se trouvait débitrice, non plus de 78 millions, mais de 861 millions.

Et alors, j'ai le droit de poser à mes honorables adversaires cette question : Supposons qu'en 1860 on n'ait pas touché au régime économique qui fonctionnait à cette époque, qu'il ait continué à donner les mêmes résultats, résultats qui étaient assurément satisfaisants, puisque nos exportations étaient déjà considérables et que le mouvement des importations était limité ; supposons pour un instant que la France ait continué à être créancière de l'étranger pour cette somme de 626 millions pendant les trente années qui ont suivi 1860 ; il n'est pas douteux qu'elle aurait reçu de l'étranger plus de 18 milliards au lieu d'en payer 14.

C'est ici que je rencontre les objections, dont plusieurs sont parfaitement fondées, de l'honorable M. Aynard, qui me dit : Il y a bien des déductions à faire sur ces 18 milliards ; il y aurait d'abord à tenir compte de la perte de l'Alsace et de la Lorraine.

J'ai répondu que l'observation était très juste, mais que la déduction se réduisait à peu de chose, car, si nous avons perdu l'Alsace, nous avons trouvé une petite compensation dans l'annexion de la Savoie. Il faut ajouter que, si l'Alsace a disparu de l'état de notre commerce extérieur pour l'exportation, elle en a disparu aussi pour l'importation.

M. Aynard. La Savoie ne figurait pas dans les états de 1859; elle a été annexée après.

M. le rapporteur général. Je ne l'ignore pas; mais je fais des comparaisons entre 1860, 1879 et 1888...

M. Aynard. Vous avez raison!

M. le rapporteur général. ...par conséquent, je crois être dans la vérité.

J'ajoute qu'il ne faut pas oublier que, depuis l'annexion, beaucoup de grands établissements alsaciens sont venus se reconstituer en France; j'en sais quelque chose, puisque le mouvement s'est opéré dans ma région et qu'il a remplacé, sur notre territoire, une portion de la production alsacienne.

Je ferai de ce chef la déduction que vous voudrez; j'ai pour cela une marge suffisante.

M. Aynard nous dit encore : Vous oubliez

que, depuis 1860, nous avons eu la crise calamiteuse du phylloxera, qui a coûté très cher à la France; elle représente une importation à laquelle vous ne pouviez pas échapper.

M. Aynard a raison, et je consens très volontiers à faire une déduction représentant l'importation de vins rendue nécessaire par l'invasion du terrible fléau. Je pourrais peut-être, si je voulais me montrer plus rigoureux, discuter avec M. Aynard sur cette déduction et lui faire observer que si le régime de 1860 avait été mieux réglé en ce qui concerne les vins, il est fort probable que nous n'aurions pas eu des importations aussi considérables, parce que nos vignes auraient été reconstituées plus rapidement (*Très bien ! très bien !*) et que nous aurions été tributaires dans une moins large proportion de l'étranger.

M. Adolphe Turrel. C'est très exact !

M. le rapporteur général. Je ne veux pas abuser de cet avantage sur l'honorable M. Aynard et je consens à faire, sur le chiffre que j'ai indiqué, une déduction de 3 milliards, représentant l'importance de l'introduction des vins nécessitée par le phylloxera.

Voici un argument plus sérieux de M. Aynard. Notre honorable collègue m'a dit : Vous ne pouvez pas faire de comparaisons entre 1859 et 1888, surtout au point de vue de l'exportation, parce que la valeur des produits n'est pas la même aux deux époques; vous oubliez que depuis quinze ans, à plus forte raison depuis 1859, les produits ont perdu de valeur, à ce point que l'écart pour certains de ces produits, va jusqu'à 50 p. 100.

M. Aynard. Jusqu'à 100 pour 100 et plus !

M. le rapporteur général. M. Aynard a fait un calcul très consciencieux établissant ce que serait le tableau de notre commerce en 1888 si l'on avait appliqué à nos produits et aux produits étrangers les valeurs de 1859. J'ai plusieurs réponses à lui faire; mais, tout en reconnaissant la justesse de son argument, qu'il me permette de lui dire qu'il ne prouve absolument rien au point de vue auquel je me place.

M. Aynard. J'ai parlé au point de vue du travail.

M. le rapporteur général. Mon cher collègue, cette discussion demande à être suivie avec un peu d'attention, et vous m'excuserez de ne pas me laisser entraîner sur un autre terrain.

Je disais, messieurs, que l'argument de M. Aynard ne prouve rien, d'abord parce que la valeur des produits n'a pas seulement diminué en France, elle a diminué aussi à l'étranger. Je suis donc autorisé à dire à l'honorable M. Aynard. Malgré tout, notre situation a été plus mauvaise que celle de nos voisins, puisque chez eux, bien que les valeurs aient diminué comme chez nous, les exportations ont augmenté pendant qu'elles diminuaient chez nous. Il y a donc eu forcément dans les autres pays un progrès, et, en France, un mouvement en arrière.

Voilà ma première réponse à l'honorable M. Aynard.

La seconde serait celle-ci :

Ne comparons pas, si vous le voulez, 1859 à 1888; comparons 1875 à 1888; entre ces deux dates la diminution des valeurs est beaucoup moins considérable, et cependant vous trouvez encore une diminution à l'exportation.

Enfin, je fais des comparaisons, à l'heure qu'il est, entre le mouvement des importations et le mouvement des exportations pour dégager la différence, pour voir de combien la France est créancière ou débitrice ; or, si les exportations augmentent en raison de la diminution des valeurs, l'honorable M. Aynard a oublié que les importations augmentent aussi dans la même proportion. Et alors l'argument se retourne absolument contre lui.

J'ai pris ses calculs, j'ai fait la comparaison, et je me suis demandé ce qui serait arrivé si, dans l'hypothèse où il se place, les valeurs étaient restées les mêmes qu'en 1859.

Eh bien ! si les valeurs étaient restées les mêmes qu'en 1859, savez-vous, messieurs, quelle serait notre situation aujourd'hui ? Il est vraiment bien heureux que la dépréciation de nos produits nous ait sauvés, car notre ruine serait bien plus complète encore que je ne l'aurais cru.

Au lieu d'être débiteurs pour 1889 — je prends l'année indiquée par M. Aynard — de 613 millions, différence entre les importations et les exportations, nous serions, d'après le premier calcul de M. Aynard, débiteurs de 1,111 millions. Prenons le second calcul ; les résultats sont plus écrasants encore : au lieu de 613 millions, nous devrions 3,140 millions !

– Vous voyez donc bien, mon cher collègue, que votre raisonnement se retourne, je le répète, contre vous et que, sans la diminution des valeurs, il est démontré que la dette de la France serait encore plus considérable que je ne l'ai dit.

Voulez-vous que quittant le commerce général, nous prenions les produits fabriqués ? Je n'ai pas besoin de dire que le régime de 1860 avait été institué surtout pour favoriser le développement des produits fabriqués en France. Le but poursuivi était d'ouvrir des débouchés considérables à ces produits et de procurer ainsi à la France une nouvelle source de profits. Or, qu'est-il arrivé ? Il est arrivé que, par le jeu de ces tarifs qui étaient mal faits, non seulement l'exportation n'a pas beaucoup augmenté, mais l'importation n'a cessé de grandir ; si bien qu'ici encore je trouve que l'excédent des exportations sur les importations, autrement dit le bénéfice vrai de la France, a été toujours en diminuant.

En 1859, l'excédent des exportations pour nos produits fabriqués était de 1,841 millions, c'est-à-dire qu'après avoir vendu tous nos produits à l'étranger et reçu ceux de l'étranger, nous restions créanciers de 1,341 millions. Or, de combien sommes-nous créanciers en 1888? De 1,098 millions seulement. Voilà tout le profit que nous avons tiré de notre commerce extérieur du chef des produits fabriqués!

En 1889, l'année la plus favorable pour notre exportation, vous n'êtes encore créanciers que de 1,280 millions : vous êtes donc au-dessous des résultats obtenus en 1859, et c'est cependant, je le répète, dans l'intérêt des produits fabriqués que vous vous êtes décidés à ouvrir vos frontières aux produits étrangers.

Je dis que ces résultats sont loin d'être satisfaisants, et je me demande comment nos adversaires pourront trouver le moyen de vous démontrer que c'est là un bon état économique.

Je résume cette discussion un peu aride, mais nécessaire, en disant : voilà les résultats de vos traités et du régime économique de 1860; ils sont indiscutables; je suis le mouvement de votre commerce depuis cette époque, et je vois que vos exportations ont eu une tendance à diminuer, au lieu d'augmenter. C'est un premier résultat dont vous n'étiez pas les maîtres, je le reconnais, mais c'est un malheur, puisque le régime de 1860 avait été établi en vue d'augmenter votre exportation.

Et, malheureusement, pendant que ce résultat se produisait, vos importations augmentaient dans une proportion que j'ai presque le droit de qualifier de colossale, puisque, à un moment donné, depuis 1875, vous avez eu une augmentation des importations sur les exportations, de plus d'un milliard.

Et voilà pourquoi nous voudrions ralentir, limiter, l'importation d'un certain nombre de produits, que nous pouvons fabriquer en plus grande quantité, ce qui aurait pour résultat de donner plus de travail à nos ouvriers, à nos industriels, à nos agriculteurs. (*Très bien! très bien!*)

Voulez-vous jeter un coup d'œil sur nos principaux produits pour vous rendre compte de ce que nous pourrions faire en vue d'en soutenir et d'en accroître la production?

J'ai là le tableau de ces produits soit agricoles, soit industriels. La revue en est intéressante à faire. Je n'en prendrai que quelques-uns pour ne pas fatiguer votre attention.

J'ai choisi pour mes comparaisons les années 1859 et 1889, en indiquant, entre ces deux dates extrêmes, les moyennes décennales pour que les comparaisons fussent plus exactes.

Je me suis demandé très sincèrement, — et il faudra que vous vous posiez la question à vous-mêmes chaque fois que vous arriverez à un nouveau chapitre du tarif des douanes — s'il n'était pas possible, avec un bon régime économique, d'obtenir le développement de certaines branches de production où il apparaît que la concurrence étrangère a eu une influence désastreuse.

Je prends les bestiaux, dont j'ai parlé hier peut-être un peu trop longuement; mais la question en valait la peine.

En 1859, nos importations en bestiaux étaient de 50 millions ; en 1889, je les trouve de 85 millions.

L'augmentation n'est pas considérable, mais pourquoi ? Parce que vous avez pris des mesures pour protéger notre production de bétail.

Et c'est un argument dont je me sers immédiatement, car si vous voulez bien prendre les moyennes décennales antérieures à 1889, vous remarquerez qu'à partir du moment où vous avez fait la loi salutaire de 1887, votre importation qui était en moyenne de 169 millions, est descendue, en 1889, à 85 millions.

Quelle est la conclusion que je tire de ces chiffres? C'est que grâce à la protection que nous avons accordée à la production du bétail nous avons développé à tel point cette branche de l'agriculture, qu'au lieu de 169 millions demandés à l'étranger vous n'en demandiez plus, en 1889, que 85; et, comme je vous l'ai expliqué hier, vous n'en demandez plus aujourd'hui que 11 millions.

M. Leydet. Parce que la consommation a diminué malheureusement.

M. le rapporteur général. C'est inexact. Tels sont les résultats de la protection. En 1859, l'importation des céréales était de 97 millions seulement; en 1889, elle s'est élevée à 365 millions. Or, a qui fera-t-on croire qu'il n'est pas possible de développer la production des céréales par un bon régime économique? C'est tellement vrai que, du jour où vous avez fait les lois sur les différentes céréales, le blé, l'avoine, l'orge, l'importation a baissé de 466 millions en moyenne à 365 millions.

Je pourrais en dire autant pour les fruits. Nous étions pour les fruits de table, cette production si naturelle au sol de la France,

si conforme à son génie horticole, tributaires de l'étranger pour 15 millions seulement en 1859. En 1889, par suite de l'insuffisance de votre tarif, l'importation s'est
élevée à 64 millions. N'ai-je pas le droit de
dire, qu'avec un bon tarif vous arriverez à
susciter dans l'agriculture des progrès qui
vous permettront de produire infiniment
plus de fruits que vous n'en produisez et
que vous arriverez à diminuer, dans une
large mesure, cette dette que vous contractez
annuellement auprès de l'étranger au détriment de nos horticulteurs. (*Applaudissements au centre et sur divers bancs à gauche.*)

On pourrait en dire autant pour les graines oléagineuses, pour les légumes verts.
On nous reproche d'avoir mis des droits sur
ce dernier produit. Nous avons bien fait et
vous allez vous en rendre compte.

En 1859 vous en importiez pour 400,000 fr.
seulement ; aujourd'hui vous en importez
pour 4,700,000 fr. Qui oserait soutenir qu'il
n'est pas possible, dans un pays comme la
France, de produire plus de légumes verts
grâce à un bon régime ?

M. le colonel baron de Plazanet. Personne ne saurait le soutenir.

M. le rapporteur général. Je passe sur

les produits agricoles ; j'en ai dit assez pour vous démontrer qu'avec de bons tarifs vous pourriez certainement pousser à la production d'une plus grande quantité de matières alimentaires et, par conséquent, donner plus de travail à vos agriculteurs, tout en diminuant la dette que vous contractez tous les ans vis-à-vis de l'étranger. *(Très bien ! très bien !)*

Arrivons aux produits industriels et faisons les mêmes comparaisons.

En 1857, nous n'achetions à l'étranger que pour 6,800,000 fr. de machines ; aujourd'hui nous en achetons pour 42,200,000 francs.

Est-ce qu'il ne serait pas possible de diminuer ce chiffre ?

Et, ici, je suis absolument d'accord avec l'honorable M. Berger qui a eu tout à fait raison de demander une protection plus efficace pour les machines fabriquées en France ; elle donnera du travail à nos ouvriers. *(Applaudissements.)*

J'arrive aux tissus de soie pure, c'est un produit essentiellement français, il n'y en a pas qui le soit plus.

J'ai bien le droit de dire que, pour ce produit, nous ne devrions être tributaires de personne, et que nous devrions nous suffire absolument. Que s'est-il passé à leur égard grâce à l'absence de droits ? Car c'est là la véritable cause, il n'y en a pas d'autre, qui puisse rendre compte de l'augmentation des importations.

En 1859, nous n'achetions à l'étranger que 6,700,000 fr. de ces tissus, et en 1889 nous en avons acheté pour 58 millions.

Personne ne soutiendra, j'imagine, que la France soit hors d'état de produire une plus grande quantité de tissus de soie ? Et la commission n'a-t-elle pas eu raison de venir au secours de cette branche spéciale de notre production et de lui témoigner les sympathies qu'elle mérite ?

J'arrive aux fils de coton.

En 1859, nous recevions de l'étranger pour 1,300,000 fr. de fils de coton. Nous en recevons aujourd'hui pour 29 millions. Et vous trouvez étrange que la filature se plaigne ? Voulez-vous me dire quelle raison il y a pour que la France ne se suffise pas au point de vue de la production des fils de coton ? Établissez un régime économique qui vous permette d'augmenter le nombre de nos broches, et alors, au lieu de payer à l'étranger 29 millions, vous les payerez à vos ouvriers. (*Très bien ! très bien !*)

Pour les ouvrages en papier et en carton, livres et gravures, — nous en reparlerons sérieusement lors de la discussion des chapitres, — nous payions à l'étranger, en 1859, 3,700,000 fr.; aujourd'hui, nous lui payons 36,300,000 fr., et nous vous dirons par quels artifices on arrive à faire travailler les ouvriers étrangers au détriment des ouvriers français. (*Très bien! très bien!*)

Pour les outils et ouvrages en métaux, l'importation, qui était, en 1859, de 1,800,000 francs, s'élève actuellement à 22 millions.

Je m'arrête dans cette nomenclature; je pourrais pousser plus loin la comparaison et vous donner des preuves décisives de ce que j'avance; je vous démontrerais qu'il y a à l'heure présente une série de produits dont nous pourrions conserver la fabrication à notre pays, que nous pourrions créer sans avoir recours à l'étranger et qui resteraient chez nous comme un capital créé, comme un travail assuré à nos ouvriers.

Et voulez-vous la preuve de ce que peut un bon régime économique par une seule comparaison que je tire également des tableaux de douane?

Je vous disais hier qu'en 1860, parmi les grandes industries qui intéressent l'Angle-

terre, une seule avait trouvé grâce : la métallurgie. C'est à M. Schneider qu'elle doit
d'avoir obtenu des tarifs suffisants pour la
défendre. Savez-vous quel en a été le résultat? Je vous prie de le comparer avec
ceux que je vous signalais pour les autres
industries qui ont été sacrifiées. Vous pourrez ainsi vous rendre compte des vrais effets d'un bon tarif.

En 1859, les importations de fers, fontes et
aciers étaient de 7,600,000 fr.; en 1889, elles
sont de 7,300,000. Elles ont donc diminué;
est-ce assez clair?

Pendant que pour certaines industries
textiles vous voyez l'importation étrangère
tripler, quadrupler, pour cette industrie
métallurgique qui est protégée, vous voyez
au contraire l'importation s'arrêter, au grand
profit de l'ouvrier et de la métallurgie française, qui a pu rester ainsi une grande force
industrielle de notre pays.

M. Lé Cour. Et elle exporte !

M. le rapporteur général. Ne dites pas
en effet qu'elle a souffert au point de vue de
l'exportation, car — ceci est très remarquable
— en même temps que cette industrie voyait
l'importation des produits étrangers arrêtée, elle exportait plus que ces industries

souffrantes dont je parlais tout à l'heure; cette constatation répond à nos adversaires qui disent que, quand une industrie est protégée, elle ne peut plus exporter. Je vous réponds, tableaux en mains : Non! ce n'est pas vrai! car voilà une industrie, l'industrie la plus protégée de toutes, dont la protection pourrait peut-être être discutée si elle n'était pas si nécessaire à la défense nationale, voyez sa situation : en 1869 elle exportait pour 2,600,000 fr.; elle exporte aujourd'hui pour 30 millions, fers, fontes et aciers. Je dis que cette comparaison suffit, qu'elle est décisive et justifie l'œuvre de votre commission. (*Applaudissements.*)

Un membre à droite. L'argument est souverain.

M. le rapporteur général. J'arrive à l'objection que nos adversaires me faisaient implicitement pendant que je vous donnais ces développements. Ils sentent bien la force d'un pareil raisonnement; pour l'écarter, ils se bornent à répondre : « Cela ne prouve absolument rien; vous nous apportez l'éternel refrain de la balance du commerce! »

Eh bien, causons de la balance du commerce. Je ne demande pas mieux et je serai bien à mon aise, car j'accepte complètement la manière de raisonner de mes honorables adversaires ; je leur fais donc la partie très belle.

Que vous disent-ils ? Quand on prend les tableaux de douane, on s'aperçoit, en effet que, depuis 1860, la France a payé à l'étranger plus qu'elle n'a reçu. Mais alors, comment pouvez-vous expliquer que la France, ayant fait une pareille perte, ne se soit pas ruinée ? Vous oubliez, quand vous raisonnez sur les tableaux de douane, que la balance de la France ne tient pas dans ces tableaux. A côté du mouvement commercial qu'ils indiquent, il y a d'autres éléments, d'autres facteurs de la balance. Vous oubliez les placements de la France à l'étranger, les bénéfices réalisés par elle sur ses exportations ; vous oubliez les profits qu'elle retire de ses frets, vous oubliez également l'exportation occulte qui consiste dans les dépenses que font en France les étrangers et qui constitue un bénéfice.

J'admets tout cela, messieurs. Mais que mes honorables adversaires me permettent de le leur dire : cela n'enlève rien à la force de mon raisonnement. Je n'ai jamais dit

que la balance générale de la France était
contenue dans les tableaux de douane. J'ai
dit que ces tableaux formaient un chapitre
particulier de la balance de la France, chapitre que j'avais le droit d'examiner à part,
en me demandant si, sur ce chapitre, la
France avait perdu ou gagné. J'ai le droit
de le faire ; c'est très légitime et très juste.
La France est dans la situation d'un industriel ou d'un commerçant qui, à la fin de
l'année, aurait fait de mauvaises affaires et
constaterait dans son inventaire une perte
de 20,000 fr., par exemple. Dans ce cas, je
dis, j'affirme qu'il a fait une perte de
20,000 fr.; mais nos adversaires, raisonnant
autrement, disent : C'est une erreur, ce
commerçant n'a pas perdu 20,000 fr.; vous
oubliez qu'il a fait des placements qui lui
donnent un revenu de 50,000 fr. avec lequel
il peut faire face à cette perte ; vous oubliez
encore qu'il a un portefeuille, qu'il a fait
une heureuse spéculation à la Bourse, et il
est, par conséquent, tous comptes faits, non
pas en perte, mais en bénéfice.

Voilà le raisonnement de nos honorables
adversaires. (*Marques d'assentiment.*)

Eh ! bien, je persiste à dire que ce commerçant est en perte dans son commerce et

qu'il a fait de mauvaises affaires; je dis
que, s'il n'avait pas perdu dans son commerce, il serait dans une meilleure situation et qu'il ne serait pas obligé de demander à sa fortune personnelle les ressources nécessaires pour payer le déficit
de ses affaires commerciales, et par conséquent qu'il serait plus riche.

J'ajoute qu'à ce jeu, qui consiste à puiser
sans cesse dans sa fortune personnelle, —
comme nous le faisons dans la fortune personnelle de la France pour couvrir les défi-
cits de nos échanges internationaux, — on
risque de se ruiner rapidement. (*Très bien !
très bien !*)

Je n'ai pas dit autre chose, et je me place
au point de vue de mes adversaires. Je dis
que la France serait plus riche — comme
d'autres pays sont plus riches et je vous le
prouverai tout à l'heure — si elle avait im-
porté moins, si, au lieu de payer des sommes aussi considérables à l'étranger, elle
avait produit davantage pour son compte;
je dis qu'elle serait plus riche et que, par
conséquent, notre régime économique n'est
pas une cause indifférente dans l'état de sa
richesse. (*Très bien ! très bien !*)

Mes honorables adversaires n'ont fait

qu'une objection vraiment sérieuse d'apparence à cet ordre d'idées qui paraît les embarrasser, les gêner.

Ils nous ont dit : Vous oubliez le bénéfice des exportations; vous oubliez que les tableaux de douanes ne font pas connaître toute la valeur des exportations. On inscrit un chiffre à l'exportation, mais les marchandises d'exportation circulent dans le monde, se transforment et reviennent sous la forme d'autres produits. Il y a là un bénéfice nouveau, qui constitue un profit pour le pays, et nos honorables adversaires l'évaluent à 400 millions.

J'accepte très bien leur raisonnement, j'admets très bien que l'exportation produise des bénéfices; quelle en est l'importance ? Je n'en sais rien; nos adversaires me paraissent en exagérer un peu le chiffre, car s'il y a des exportations à bénéfice, il y a aussi des exportations à perte.

Ils insinuent que les chiffres inscrits par la douane, pour l'exportation, ne sont pas exacts.

Pour moi, j'ai toujours entendu dire au contraire par les directeurs généraux des douanes que les déclarations à l'importation étaient les plus défavorables pour nous, et la raison en est simple. C'est que, à l'importation, on paye un droit, et qu'on a, par conséquent, intérêt à déclarer pour la marchandise une valeur inférieure à sa valeur réelle, tandis qu'à l'exportation on ne paie pas de droit en sorte qu'on augmente volontiers la valeur déclarée. Par conséquent, les chiffres des tableaux de douane seraient plutôt en faveur de nos adversaires. Mais c'est là un petit côté de question.

Je le reconnais, les exportations sont une source de profits, mais l'argument se retourne contre vous malheureusement. Pour que les profits des exportations expliquent, dans votre raisonnement, l'augmentation des importations, il faut que le chiffre des exportations se soit élevé. Or, ce chiffre a diminué.

Alors, comment pouvez-vous soutenir votre raisonnement ? De 1875 à 1888, les exportations diminuent, les importations augmentent et vous dites que c'est avec les bénéfices des exportations que vous payez l'excédent de vos importations : c'est le contraire qui est la vérité.

On ne peut pas, avec des bénéfices négatifs, compenser des pertes. Je trouve dans ce fait une réponse décisive à une autre de vos objections.

Vous nous dites : La preuve que la France n'a pas souffert de cet excédent d'importations, c'est qu'il y a de grands pays qui importent plus qu'ils n'exportent, et qui sont les plus prospères du monde.

L'Angleterre, par exemple, depuis le commencement du siècle, importe plus qu'elle n'exporte, et cependant elle ne se ruine pas et vous ne soutiendrez pas qu'elle est en perte. Non, l'Angletere ne se ruine pas ; mais essayons de comparer la France avec l'Angleterre, et voyons quel rapport il y a entre la situation des deux pays; j'examine d'abord l'argument de l'exportation.

La différence que je trouve entre la France et l'Angleterre, c'est que, chez nos voisins, le mouvement des importations suit régulièrement le mouvement des exportations et si les unes augmentent les autres s'élèvent aussi. Vous ne tenez pas compte de cette situation dans votre raisonnement. Et puis il n'y a aucun rapport entre les importations anglaises et les nôtre.

Dans le chiffre de ces importations, il y a 1 milliard et demi de marchandises qui ne font que traverser ce pays, qui laissent des bénéfices à ses industries de transport, à ses commissionnaires qui sont donc un profit pour la nation et qui ne font pas concurrence aux produits anglais. Voilà une première déduction à faire dans le chiffre des importations.

En outre, l'Angleterre reçoit plus d'un milliard de produits de ses colonies; est-ce que ce sont là des produits étrangers? Ce sont des capitaux anglais qui rentrent dans la métropole; ce ne sont pas des importations étrangères, pas plus que ne le sont pour nous les importations de l'Algérie. De ce chef, encore, une déduction à opérer.

Si vous faites ces déductions, à quel résultat arriverez-vous? C'est que les produits étrangers similaires des produits anglais qui entrent en Angleterre, pour faire concurrence à la production anglaise, sont inférieurs aux exportations anglaises et inférieurs de beaucoup. Donc, la balance du commerce est favorable à l'Angleterre, tandis qu'elle nous est défavorable.

Si vous vouliez faire une comparaison, ce n'est pas avec l'Angleterre qu'il faudrait l'établir, mais avec l'Allemagne; celle-là, du moins, aurait une raison d'être, parce que les deux pays sont à peu près dans la même situation économique: je dis la même situation économique, au point de vue du caractère de 'a production, mais non au point de vue des résultats.

Jetons un coup d'œil rapide sur l'état de l'Allemagne. Ce pays, vous le savez, a modifié son régime économique en 1879. Il n'est pas mauvais de se demander quel résultat il a obtenu de cette modification. Pendant que nous vivions sous le régime des tarifs de 1860, l'Allemagne relevait les siens et je constate qu'elle a atteint le but que nous poursuivons aujourd'hui. Que voulait l'Allemagne? Elle voulait diminuer le chiffre de ses importations d'abord.

Et elle a atteint ce but, pas pour les deux dernières années, — je vous dirai pour quelles raisons — mais pour les années antérieures.

-En 1878, à la veille de sa réforme économique, l'Allemagne recevait de l'étranger pour 4,892 millions de produits : elle n'en exportait que pour 3,600 millions ; elle était alors débitrice de l'étranger de 1,200 mil-''ons. C'est à peu près la situation que nous avons eue de 1875 à 1880. Elle opère sa réforme économique et immédiatement vous voyez ses importations descendre comme à vue d'œil. En 1879, elles sont à 4,700 millions ; en 1880, à 3,500 millions ; en 1881, à 3,700 millions ; en 1882, à 3,800 millions, jusqu'en 1888, où elles ne sont encore qu'à 4,113 millions.

Voilà, messieurs, le mouvement descendant des importations. Il s'est considérablement relevé l'année dernière et, paraît-il, cette année. Comme j'ai l'habitude de tout expliquer quand je me sers des chiffres, je vais vous dire pourquoi.

C'est pour deux raisons :

D'abord la récolte du blé a été mauvaise. Ensuite, en 1889, la valeur des produits a été relevée, et ici se place une observation à l'adresse de M. Aynard quand il m'oppose la diminution de la valeur des produits. Elle s'est relevée d'après le *Bulletin de statistique* du ministère des finances, pour l'Allemagne, en 1889, de près de 300 millions, ce qui est une assez jolie différence et ce qui explique l'augmentation apparente des importations.

L'année dernière, la récolte des pommes de terre a beaucoup souffert en Allemagne, par conséquent l'importation des produits allementaires a dû augmenter. Je en compare pas plus les annéesexceptionnelles en France qu'ailleurs, celle de 1880, par exemple, en France où il y a eu une mauvaise récolte, ni l'année actuelle. Je prends les années ordinaires, les années moyennes, et j'ai le droit de dire que, depuis 1878 jusqu'à 1889, par un mouvement ascendant qui s'est produit sur dix années, les importations en Allemagne n'ont cessé de diminuer pendant que les nôtres augmentaient. Je vous prie de retenir ce premier point de comparaison.

Et, pendant ce temps, les exportations de l'Allemagne augmentaient; c'est tout l'inverse de ce qui se passe chez nous. En Allemagne, nous voyons les importations diminuer et les exportations augmenter; chez nous, au contraire, les importations augmentent et les exportations diminuent.

A la veille de sa révolution économique, l'Allemagne payait à l'étranger 1,200 millions, en 1888, elle ne lui payait plus que 100 millions; et je trouve même, depuis 1878, un certain nombre d'années pendant lesquelles ce pays a été créancier de l'étranger parce qu'il avait un excédent d'exportations.

Est-ce que ces résultats ne vous frappent pas ? Est-ce que je ne suis pas fondé à m'en emparer, à les opposer à mes honorables adversaires et à dire que, malgré tout, le régime économique qui défend le travail national donne de meilleurs résultats que celui qui ouvre un marché aux produits étrangers ?

Voilà les résultats pour l'Allemagne. Pour l'Autriche-Hongrie ils ont été les mêmes, du jour où on y a fait la réforme douanière : diminution des importations, augmentation des exportations. Tout le monde sait cela, tous les homme sincères le constatent, personne ne le conteste.

J'ai sous les yeux une brochure fort bien faite qui analyse les conséquences de la réforme économique poursuivie en Allemagne et en Autriche-Hongrie ; cette brochure a été publiée par la *Revue d'économie politique*, journal assurément peu protectionniste. Elle a pour auteur un membre important du Parlement de Vienne, M. Alexandre Peez, député. Je n'en lirai que quelques lignes. Voici la conclusion de M. Peez, développée longuement dans la brochure, sur la réforme douanière en Allemagne et en Autriche-Hongrie :

« On peut donc conclure de là en toute confiance que les tarifs douaniers existants ont eu pour conséquence de produire en Allemagne, comme en Autriche-Hongrie, une masse de travaux lucratifs. Malgré certains contre-coups, ses effets ont en général été salutaires. Sans la réforme douanière, ni l'Allemagne ni encore moins l'Autriche-Hongrie n'auraient pu supporter les impôts que nécessitaient leurs énormes armements, qui n'auraient pu s'effectuer autrement ni sur une pareille échelle ni avec autant de rapidité. »

Telle est l'opinion d'un homme impartial sur la situation économique du pays dont je viens de parler.

M. Lockroy, pour en atténuer les avantages, vous a dit : Cette réforme a bien pu être profita' ... si on se place au point de vue du mouvement général du commerce; mais prenez garde, elle a eu d'autres conséquences très fâcheuses; elle a engendré la misère des populations et poussé au développement du socialisme en Allemagne.

Messieurs, prenons bien garde au chauvinisme économique; il est aussi dangereux que le chauvinisme politique.

Nos voisins sont des gens pratiques; ils

savent ce qu'ils font, et je vais prouver à M. Lockroy que le régime économique de l'Allemagne n'a pas été aussi fâcheux qu'il le croit pour les classes ouvrières et pour le bien-être des populations. Il me suffira pour cela de quelques chiffres, et je crains bien que, si nous consultions nos statistiques françaises, nous n'arrivions à des résultats bien différents.

Ces chiffres s'appliquent à la consommation par tête des produits alimentaires en Allemagne; vous allez voir s'ils sont un signe de misère.

La consommation par tête du sucre qui était, en 1878, à la veille de la réforme, de 6 kilogrammes, atteignait en 1888 7 kilogr. Pour la bière, elle était en 1878 de 87 litres; elle atteint 97 litres en 1888.

Pour le café, l'importation calculée par tête s'est accrue à peu près de 3 p. 100. Pour le cacao, elle a doublé; pour le thé, elle s'est accrue du tiers. Et enfin, la note que j'ai sous les yeux ajoute, dans un autre ordre d'idées, que la réserve métallique des banques allemandes, qui était de 626 millions de marks en 1879, a atteint 815 millions de marks en 1889.

En ce qui concerne le socialisme, je me

bornerai à faire une simple observation à l'honorable M. Lockroy : c'est que si le socialisme sévit en Allemagne, pays protectionniste, il ne paraît pas être moins redoutable dans un pays voisin qui, lui, ne l'est pas, qui est libre-échangiste et qui semble aujourd'hui plus menacé par le socialisme que l'Allemagne elle-même. Et je serais tenté de croire que si le socialisme y prend des allures aussi inquiétantes, c'est que, par la force des choses, par une nécessité inéluctable, dans ce pays libre-échangiste, les salaires sont forcément inférieurs à ceux de l'Allemagne (*Très bien ! très bien !*), et c'est peut-être ce qui explique que d'un côté le socialisme est calme, réfléchi, tandis que de l'autre il est violent. Je reconnais, du reste, que le socialisme tient à des causes bien plus profondes que le régime économique d'un pays quel qu'il soit ; il a sa source, à mon avis, dans le désir bien légitime des classes déshéritées d'arriver à une situation meilleure. A ce point de vue, le socialisme est éternel comme le monde, et il durera autant que lui ; il ne faut donc pas s'en effrayer, mais il faut nous occuper sans cesse des questions qu'il soulève. (*Très bien ! très bien !*)

J'estime, en tout cas, que le meilleur socialisme, — car je ne recule pas devant le mot — c'est celui qui consiste à donner du travail à nos ouvriers, à améliorer leur situation et à augmenter, dans la mesure du possible, leur salaire et leur bien-être. (*Très bien ! très bien !*)

M. Edouard Lockroy. Voulez-vous, monsieur le rapporteur général, me permettre un mot?

M. le rapporteur général. Volontiers!

M. Edouard Lockroy. Cette affirmation ne m'est pas personnelle : ce n'est pas moi qui ai dit cela. Elle émane également de tous les orateurs du Parlement allemand, et si vous voulez vous reporter à la dernière discussion qui y a eu lieu, vous verrez que tous les orateurs appartenant aux différentes fractions de la Chambre ont démontré que c'était par suite de l'aggravation de la misère due au régime protectionniste que le socialisme avait fait des progrès non pas seulement dans les villes, mais dans les campagnes.

Un membre. C'est le contraire qui est vrai!

M. le rapporteur général. C'est une opinion qui est permise, et elle est d'autant plus permise qu'elle se produit ici ; par conséquent, elle a pu se produire en Allemagne ; mais elle me paraît démentie par les faits.

Messieurs, si j'ai réussi dans ma démonstration, qui a été un peu aride, — mais les chiffres, assurément, ont prouvé quelque chose... — j'ai établi, je crois, que le régime de 1860 n'a pas été, au point de vue de nos échanges avec l'étranger, profitable à la France, et qu'avec un meilleur régime nous serions arrivés à un meilleur résultat, que la France enfin serait plus riche.

Seulement je rencontre cette objection éternelle, dont je parlais tout à l'heure, de nos honorables adversaires, disant : Si vous avez perdu tant d'argent dans vos échanges avec l'étranger, où avez-vous pris cet argent? Vous dites d'un côté que la France est riche, qu'elle n'est pas ruinée ; vous dites d'un autre côté qu'elle a payé à l'étranger 14 milliards ; où les a-t-elle pris? Comment expliquez-vous cette contradiction ?

Ah ! je l'explique par un oubli de nos adversaires ; ils nous reprochent de ne pas bien établir la balance générale de la France. C'est à notre tour de leur dire qu'ils l'établissent bien singulièrement aussi.

Ils oublient le plus gros facteur de cette balance, celui dont il faudrait parler le plus quand on défend le travail d'un pays, mais qui est celui dont on parle le moins. On oublie que la France ne travaille pas seulement pour l'étranger, qu'elle travaille aussi pour elle-même, qu'elle produit pour ses nombreux habitants, qu'elle leur vend ses produits et que sur cette vente elle réalise des bénéfices.

Elle a sous la main 38 millions de consommateurs, les premiers du monde, parce que ce sont ceux qui payent le mieux, et qu'elle les retrouve toujours quand elle a perdu les autres. Cela s'appelle le marché intérieur, dont nos honorables adversaires n'aiment pas beaucoup à parler, mais dont il faut bien que je dise un mot. Voilà la vraie production de la France. (*Très bien! très bien!*)

Je ne discuterai pas longtemps sur l'importance de ce marché ; cela n'a pas d'intérêt. Cependant je donnerai quelques explications pour répondre à des objections de détail qui m'ont été faites par mes honorables contradicteurs.

De combien est ce marché ? Est-il de 25 ou de 34 milliards, comme le disait M. Aynard ? Je leur répondrai qu'il est de 25 ou de 34 milliards, suivant le point de vue auquel on se place.

Si vous n'envisagez, comme la *Statistique agricole* l'a fait très justement, que la richesse créée, que la vraie production, sans tenir compte des différentes transformations de la matière créée, le marché français intérieur ne représente, je crois, qu'une valeur d'environ 24 milliards : 12 à 13 milliards pour la production agricole, 10 à 11 milliards pour la production industrielle.

Si au contraire vous envisagez, non pas cette richesse créée, mais les transactions qui se font sur elle, les échanges qui s'opèrent, alors vous pouvez très bien — l'honorable M. Aynard l'a reconnu lui-même — dire que le marché intérieur représente une valeur de 34 milliards.

M. Aynard. Ce n'est même pas assez dire.

M. le rapporteur général. J'ai dit qu'à ce point de vue le chiffre de 34 milliards devait être choisi par nous, parce que, comme nous avons à défendre notre situation vis-à-vis de l'étranger, c'est l'importance des transactions qu'il faudrait envisager.

Mais, pour ne pas exagérer mon raisonnement, je ne prendrai que le chiffre de la richesse créée ; c'est du reste un chiffre fort respectable, puisqu'il est de plus de 21 milliards.

Eh ! bien, sur les produits de ce marché, vous exportez 3 milliards : il en reste 18 ; ces 18 milliards, messieurs, représentent des transactions considérables, qui donnent des bénéfices non moins considérables à la France.

On ne gagne pas seulement de l'argent, je le répète, en vendant à l'étranger ; on en gagne également en vendant à des Français ; cela a été constaté par la *Statistique agricole* elle-même, à laquelle l'honorable M. Léon Say rendait justice, et c'est pour cela que je l'invoque devant lui.

Eh bien ! la *Statistique agricole* constate que, dans le mouvement de la production agricole, quand on a payé tous les frais généraux de cette production et même tous les salaires, il reste un chiffre de bénéfice pour les agriculteurs français qui ne représente pas moins de 1 milliard 155 millions, et la *Statistique* ajoute fort judicieusement, — messieurs, je recommande ces paroles à vos méditations :

« Grâce à l'esprit d'ordre et d'économie qui caractérise la classe des paysans français, une grande partie de cette somme et une portion notable des salaires passent à l'état d'épargne et constituent pour la France ces précieuses ressources qui sont un des gages les plus sûrs de son crédit et de sa puissance financière. » (*Très bien ! très bien !*)

Voilà, messieurs, le bas de laine où la France puise incessamment; le bas de laine où elle prend de quoi réparer ses désastres, de quoi reconstituer son épargne si souvent compromise, de quoi payer à l'étranger ces différences dont je parlais tout à l'heure. Voilà comment la France trouve le moyen de régler ses comptes avec l'étranger : c'est dans les économies qu'elle réalise sur son marché intérieur. Mais ces économies, elle ne peut les réaliser qu'à une condition, c'est que vous ne l'empêchiez pas de faire des bénéfices sur son marché intérieur, c'est qu'elle ne soit pas en perte; car ce jour-là les économies s'évanouiront. (*Marques d'approbation.*)

Eh bien ! n'est-il pas vrai que la concurrence étrangère peut mettre vos producteurs en perte sur le marché intérieur ?

Quand le produit étranger arrive sur le marché, quel effet produit-il?

D'abord, il supprime une quantité correspondante de travail. Ce n'est pas tout, il atteint tous les produits similaires qui cherchent des acheteurs, et si le producteur français est condamné par cette concurrence à vendre au-dessous de son prix de revient, il n'a qu'une alternative : il est obligé ou de laisser entrer le produit étranger ou de se ruiner.

Il faut choisir. Et voilà pourquoi j'avais raison de dire qu'un mauvais régime économique porte un préjudice de tous les jours à la richesse publique, parce que ce mauvais régime économique atteint tous les jours le marché intérieur.

Et il ne l'atteint pas seulement dans son revenu. Il l'atteint dans ce qui est peut-être, au point de vue national, supérieur aux revenus, dans son capital; car cette production représente un capital dont vous connaissez la valeur. La *Statistique* estime le capital agricole à 91 milliards et le capital industriel à plus de 100 milliards. Le capital de la France est donc de 200 milliards environ; ces 200 milliards, c'est la fortune de la France, la base de son crédit, la garantie que nous donnons à ceux qui nous prêtent de l'argent. Le jour où cette garantie diminuera, est-ce que le crédit de la France ne diminuera pas en même temps? Est-ce que cela est indifférent? C'est si peu indifférent que, aussitôt le capital national atteint, la situation devient tellement grave qu'il faut que les pouvoirs publics avisent.

On a trop oublié ce qui s'est passé de 1880 à 1884. Vous vous rappelez, à cette époque, les cris de détresse qui se sont fait entendre sur tous les points du territoire dans les régions agricoles. On hésitait à les entendre, tant on a l'habitude de répéter que les cultivateurs se plaignent toujours, qu'ils sont toujours mécontents. Mais les cris devinrent tellement déchirants qu'on fut bien obligé d'ordonner une enquête : elle constata une situation navrante dans les départements les plus riches. Dans l'Aisne, par exemple, elle établit qu'une portion du sol était à l'abandon, qu'on offrait des domaines en location pour le prix des impôts et que personne ne se présentait.

Un membre au centre. Il en est de même encore aujourd'hui.

M. le rapporteur général. La valeur des

terres diminuait tous les jours et, comme conséquence, les moins-values de nos budgets allaient croissant. Mais le mal n'est pas resté dans les campagnes, car il n'y reste jamais longtemps; il a gagné les villes; les agriculteurs, ayant perdu leur puissance de consommation, n'achetaient plus rien; les industriels gardaient leurs produits, la surproduction était générale. C'est à ce moment qu'ils sont venus eux-mêmes demander au Parlement d'intervenir et de sauver l'agriculture; et les ouvriers se sont joints à eux — j'en ai le souvenir — pour demander la même chose, parce qu'ils se sentaient atteints à leur tour. (*Marques d'assentiment.*) Le travail diminuant, leurs salaires diminuaient en même temps, et ce qui restait de leurs salaires leur était disputé par les ouvriers des campagnes qui affluaient dans les villes. (*Très bien ! très bien !*)

Ce jour-là les ouvriers des villes ont compris la solidarité qui les unissait aux ouvriers des campagnes.

M. le colonel baron de Plazanet. Ils ne l'ont pas assez compris, malheureusement !

M. le rapporteur général. Ils n'en ont pas perdu le souvenir et c'est pour cela que vous faites en vain appel à leurs passions, que vous essayez en vain aujourd'hui de les exciter contre les agriculteurs et de créer entre ces deux catégories de travailleurs un antagonisme qui serait désastreux pour tous. (*Vifs applaudissements au centre et à droite.*)

Aujourd'hui, il n'existe plus de séparation entre les intérêts des ouvriers des villes et ceux des ouvriers des campagnes. (*Très bien ! très bien !*)

C'est alors que nous avons dû prendre des mesures. Comme l'a fait observer M. Léon Say, j'ai ma part de responsabilité dans cette œuvre; je l'ai acceptée sans hésiter, convaincu que c'était pour le bien de mon pays. Je savais d'avance à quelles attaques je m'exposais. C'est peut-être tout ce qui m'en reste.

M. Le Gavrian. Il vous reste bien des sympathies aussi. (*Très bien ! très bien ! à droite et au centre.*)

M. le rapporteur général. Et maintenant je demande à mes collègues qui, à ce moment, nous combattaient comme aujourd'hui, ce qui serait arrivé et quelle serait leur responsabilité à eux si on les avait écoutés. Ils réclamaient comme aujourd'hui

le maintien du *statu quo;* comme aujour-
d'hui ils plaidaient la cause du consommateur : si on les eût écoutés, je vous assure
que nous discuterions aujourd'hui le tarif
des douanes dans de meilleures conditions,
car la ruine de l'agriculture serait tellement
complète qu'elle éclaterait à tous les yeux.
Mais c'est une leçon qui aurait coûté cher
au pays. (*Très bien ! très bien !*)

Voilà ce que nous avons fait ; et c'est
grâce aux mesures prises en 1881 que nous
avons enrayé le mal et que nous avons
sauvé une partie de la fortune de la France.

Que faisons-nous aujourd'hui ? Nous ache-
vons notre œuvre ; nous faisons ce que nous
eussions fait en 1881, si nous n'avions pas
été liés par des traités ; nous eussions pris
dès cette époque des mesures plus complètes
en faveur de notre agriculture si nous n'en
avions été empêchés.

Est-ce que nous n'aurions pas mis, par
exemple, des droits sur la viande abattue,
comprise, par une inexplicable erreur, dans
les traités ? Nous aurions pris en main la défense de beaucoup de nos industries ; mais
nous ne l'avons pas pu. La France a attendu
l'échéance de 1892, et aujourd'hui elle vous
demande de faire ce que son intérêt com-

mande, d'achever ce que nous avons commencé en 1884. Nous ne faisons pas autre chose.

M. Deschanel a dit fort justement que ça n'était pas une révolution qu'il fallait accomplir, mais bien une évolution.

Nous avons la prétention de n'opérer qu'une simple évolution. Nous réparons les fautes de 1860; nous faisons un travail mieux établi et nous ne bouleversons rien. Si nous avions voulu faire ce qu'on dit, nous aurions imité l'Amérique et la Russie, qui ont établi un régime protectionniste de toutes pièces; nous ne l'avons pas fait, et nous avons eu bien raison : car je suis de ceux qui pensent que si la France ne peut être libre-échangiste, elle ne peut non plus être prohibitionniste.

Si nous avions voulu entrer dans cette voie, ce que nous n'avons pas voulu, croyez-vous que nous eussions reculé devant l'établissement de droits sur les matières premières, droits qui peuvent si facilement se défendre, sur lesquels l'agriculture comptait et qu'on lui avait si longtemps promis? Croyez-vous qu'y renoncer ne nous a rien coûté?...

Pourquoi donc ne l'avons-nous pas fait?

Parce que nous n'avons pas voulu, je ne dis pas compromettre, mais même seulement gêner nos industries d'exportation. (*Très bien! très bien!*) Nous avons voulu qu'elles continuassent à travailler dans les mêmes conditions qu'aujourd'hui. On nous reproche de les avoir sacrifiées; mais c'est pour elles, c'est pour nos industries d'exportation que nous avons fait deux tarifs : un tarif minimum et un tarif maximum.

Un tarif unique eût été beaucoup plus facile à appliquer pour nous, et je vous assure que si nous nous sommes ralliés à un tarif minimum, c'est parce que nous avons vu dans ce système la possibilité d'assurer à nos industries d'exportation le même traitement qu'à leurs concurrents sur les marchés étrangers.

On trouve que ce n'est pas assez. On nous dit : Il fallait aller plus loin et faire deux choses que vous n'avez pas faites : d'abord, vous rallier franchement au principe des traités de commerce; puis établir un tarif minimum tellement bas que vous n'auriez jamais rencontré de difficultés avec l'étranger qui l'aurait tout de suite accepté.

Je m'explique sur ces deux points, qui seront les derniers de ma discussion.

En ce qui concerne les traités, je serai très bref : d'abord parce que je crois que l'heure n'est pas venue d'envisager une pareille question. Nous faisons en ce moment des tarifs; quand ils seront faits, nous verrons comment il convient de régler notre situation vis-à-vis de l'étranger.

Je serai très bref encore parce que je reconnais très sincèrement que nous ne pouvons procéder ici que par voie de conseil. Aussi je trouve absolument prématuré — et même inexplicable — le projet prêté à certains de nos collègues de déposer une proposition de loi tendant à réserver les droits du Gouvernement. Cette proposition peut se présenter quand elle voudra : ce n'est pas nous qui contesterons les droits du Gouvernement. (*Très bien !*)

Nous avons la prétention, monsieur Deloncle, de connaître la Constitution aussi bien que vous. (*Mouvements divers.*) Vous pourrez nous faire votre démonstration; mais elle sera inutile, je vous l'assure. Nous considérons que les droits du Gouvernement sont à l'abri de toute discussion, et nous ne les discuterons pas. Nous croyons, au contraire, lui rendre service en lui soumettant respectueusement notre avis en ce qui concerne la question des traités.

M. François Deloncle. Ce n'est pas un avis, c'est une loi !

M. le rapporteur général. Je n. crois pas que le Gouvernement puisse se plaindre des conseils que nous lui apportons : car, s'il fait les traités, c'est nous qui les ratifions et il n'est peut-être pas mauvais que le Gouvernement sache d'avance quelles sont les dispositions de la majorité à laquelle il s'adressera pour faire ratifier ces traités. (*Très bien ! très bien !*)

Nous n'avons pas pensé qu'il fallût rester dans le régime des traités. Je vous assure qu'en ce qui me concerne je suis très à mon aise pour en parler : car, je le répète, pour les traités en général, comme pour ceux de 1860, je n'ai pas de parti pris. Je ne sais pas si, autrefois, il a été bon d en faire, et si plus tard on n'en fera pas ; mais ce que je sais bien, c'est qu'à l'heure actuelle il m'apparaît qu'il y a plus d'inconvénients que d'avantages à en faire.

Le premier inconvénient que j'y vois, c'est de lier la France sans bien savoir où on la conduit; c'est un saut dans l'inconnu.

Il me paraît qu'aujourd'hui la situation économique du monde est absolument trou-
blée, qu'elle ne l'a jamais été davantage et
qu'elle ne le sera jamais davantage. Personne ne peut soutenir le contraire. Il se
produit un mouvement formidable d'un
bout du monde à l'autre; les transformations sont de tous les jours; tout change à
vue d'œil; des peuples nouveaux qui, la
veille, ne comptaient pas dans la production, s'élèvent tout d'un coup et apparais-
sent comme des concurrents redoutables;
des industries nouvelles surgissent, tandis que de plus anciennes se transforment;
la classification de douane de la veille n'est
plus bonne le lendemain, et je ne vois pas,
au milieu de ce trouble général, augmenté
encore par les perturbations du change,
comment il serait possible d'asseoir les
chiffres définitifs d'un tarif. (*Très bien!
très bien!*)

Voilà la raison qui me détermine, et je
suis convaincu que quand le Gouvernement aura médité à son tour cette question,
il sera de notre avis.

Cette raison a une telle force que je suis
absolument certain qu'elle rendra désormais
impossible en fait la confection de traités,

Je ne crois pas, voulût-on faire des traités, qu'il soit possible d'aboutir. Je ne le crois pas et l'expérience de ces dernières années semble bien le prouver. Autrefois, quand on négociait des traités, on se faisait de chaque côté des concessions; les contractants consentaient à se faire des sacrifices réciproques, soit sur une ou plusieurs de leurs industries, soit pour telle ou telle branche de leur production agricole. Mais les choses ont bien changé : aujourd'hui personne ne veut plus faire de concessions. Une nation qui a entrepris de développer sur son territoire une industrie ou une branche de production agricole et qui a créé des tarifs pour les protéger, ne consent jamais à les abaisser.

Nous en avons fait l'expérience avec l'Italie, et demain, si on recommençait, on arriverait au même résultat. Les concessions qu'on offre sont les seules dont on n'ait pas besoin; elles portent sur des industries que l'on n'entend pas protéger. Dans ces conditions, elles sont parfaitement inutiles, parce que, si un pays ne produit pas les articles que nous fabriquons, il sera bien obligé de nous les demander; nous payerons les droits et nous entrerons. Je crois que si le Gouvernement essayait de nouer actuellement des négociations avec une nation quelconque, il serait obligé de reculer, après les avoir engagées. Et cela est, à mon sens, très fâcheux, parce que, en ce qui touche les bons rapports des nations entre elles, l'expérience nous apprend que , quand des négociations échouent après avoir été engagées, la situation n'est plus la même le lendemain qu'elle l'était la veille ; les rapports deviennent plus tendus et on arrive promptement aux représailles.

Je n'ai pas besoin de rappeler ce qui s'est passé avec l'Italie : l'échec des négociations engagées à Turin a été pour une large part dans la rupture des relations entre les deux pays. C'est pourquoi je voudrais éviter ces difficultés diplomatiques à mon pays et le régime que nous avons adopté offre, à ce point de vue, l'avantage de supprimer un marchandage plein de périls. (*Très bien ! très bien !*)

Vous offrez votre tarif minimum, votre tarif de faveur, et il me semble plus simple de l'offrir dans son unité que d'en laisser discuter successivement les divers articles.

Je crois d'ailleurs que tout le monde, en Europe, se rend compte de la difficulté que je vous signale, et que c'est là l'une des raisons pour lesquelles on paraît avoir renoncé au régime des traités.

Ici, nos honorables collègues ne manqueront pas de m'arrêter pour me dire : Vous vous trompez sur les dispositions actuelles de l'Europe, et, comme l'a dit M. Aynard, vous partez pour la protection quand tout le monde en revient. A l'heure présente, il existe un mouvement très puissant en Europe qui pousse toutes les nations à faire des traités. Et on ne parle pas seulement de traités : on parle d'unions douanières. Voilà le danger qu'on nous signale.

L'honorable M. Deschanel a très bien répondu à l'objection tirée des unions douanières, en expliquant qu'il ne pourrait s'en former aucune sans que nous ayons notre part dans les bénéfices qui en pourraient résulter pour les autres nations.

En ce qui concerne le régime des traités, on affirme que l'Europe y revient. J'avoue que j'éprouve quelque défiance à l'égard de ce mouvement qu'on nous dénonce à grand renfort de dépêches un peu suspectes ; je constate qu'il coïncide un peu trop avec la discussion du tarif des douanes. (*On rit.*) Il n'en était pas question l'année dernière, il y a six mois ; mais depuis deux mois on ne parle plus que de cela dans tous les journaux...

M. François Deloncle. Et le discours de l'empereur d'Autriche ? Et le traité qui a été signé hier entre l'Autriche et l'Allemagne ?

M. le rapporteur général. Je sais bien que vous êtes prêts à signer avec l'étranger tous les traités qu'il peut désirer. Quant à moi, je demande à attendre et à réfléchir. (*Très bien ! très bien !*)

Supposons que ce qu'on prévoit arrive. Si toute l'Europe rentre dans le régime des traités, si tout le monde en fait et s'en trouve bien, je consentirai alors à venir discuter de nouveau la question à la tribune ; mais seulement quand cette évolution se sera accomplie.

M. Félix Faure. Il sera un peu tard.

M. le rapporteur général. Pour ma part, je crois qu'il ne serait pas prudent, qu'il serait même très imprudent de nous bercer de pareilles illusions.

J'arrive à une autre objection, qui concerne le régime nouveau que nous inaugurons.

On dit que ce régime de tarifs toujours modifiables est contraire aux intérêts du commerce, parce qu'il ne donne pas aux transactions une stabilité suffisante.

Ici encore je suis obligé de dire que je ne suis pas très touché par la valeur de cet argument. Je ne crois pas beaucoup à la stabilité des traités de commerce, tandis que je crois très fermement, au contraire, à la stabilité des tarifs, et j'ai des raisons pour cela.

Il y a des pays qui vivent sous le régime des tarifs et qui sont beaucoup moins agités par cette instabilité que l'on critique tant que les pays qui vivent sous le régime des traités.

Je sais que nos tarifs peuvent être instables, et l'honorable M. Léon Say a eu soin de nous prévenir qu'il se chargeait de les rendre instables; il nous a avertis que si tel ou tel tarif proposé lui déplaisait, il se présenterait tous les trois mois à la tribune pour en demander la modification.

M. Peytral. C'est ce que vous avez fait pour le maïs.

M. le rapporteur général. Nous ne pourrons pas nous y opposer; mais, au moins, vous ne nous reprocherez pas d'être cause de cette instabilité.

Je prétends qu'on ne change pas aisément des tarifs quand ils ont été bien établis. Je ne pense pas que la Chambre veuille souvent ouvrir une discussion comme celle-ci et qu'elle la recommence de sitôt. (*Très bien! très bien!*)

J'ajoute que les traités qu'on ferait seraient pires, au point de vue de la stabilité qu'on rêve, que la situation actuelle; car on reconnaît que, si on en faisait, il faudrait les faire dans de nouvelles formes, les limiter à un certain nombre d'articles et leur donner une courte durée.

De pareils traités, au point de vue de la stabilité, seraient évidemment plus dangereux que le régime des tarifs. En effet, au moment de la dénonciation de vos traités — vous le savez par expérience — il faudrait remanier tout votre régime économique. D'autre part, le grand inconvénient des traités, c'est que, quand vous voulez les remanier, il faut tout revoir, tandis que pour les tarifs on peut se borner à reviser un article, l'article essentiel, celui qui, dans l'opinion, est considéré comme devant être remanié; les remaniements ne sont alors que des remaniements de détail, et ne portent que sur un point peu important.

Ainsi, messieurs, le régime des traités ne s'impose pas du tout comme une nécessité destinée à garantir les intérêts de notre exportation ; je crois que ces intérêts sont ailleurs, je crois qu'ils seront garantis avec le traitement de la nation la plus favorisée que nous essayerons d'obtenir en échange du tarif minimum. (*Marques d'assentiment.*)

L'exportation ne peut plus se faire dans les conditions où elle se faisait autrefois. Je le répète, les pays étrangers ne nous concéderont rien sur les industries qui les intéressent. Il faut donc que nos industries d'exportation produisent les articles que les autres pays sont incapables de produire et dont ils ont besoin ; ces articles, nous trouverons toujours le moyen, grâce au génie de nos industriels, de les introduire chez nos concurrents.

Et la preuve, messieurs, c'est que cela se fait tous les jours. Malgré les tarifs élevés de l'Amérique, est-ce que notre importation dans ce pays s'est arrêtée ? Non ! elle est considérable, vous le savez ; elle monte à plus de 200 millions. Pourquoi ? Mais parce que l'Amérique est bien obligée de nous demander ce qu'elle ne fait pas ou ce qu'elle fait moins bien que nous.

Et notre exportation en Italie? Elle n'a pas été supprimée non plus, malgré le nouveau régime économique qui a cependant été si dur pour nous.

Eh ! bien, messieurs, ce que je dis de l'exportation, je le dis également de l'importation. Il ne faut pas vous exagérer l'importance des droits que vous allez établir et vous imaginer que, parce que vous les relevez dans une certaine proportion, vous allez élever cette fameuse muraille de Chine qu'on nous reproche tant et supprimer toutes relations avec les pays voisins ; c'est ce qui répond d'un mot au discours si intéressant et, en apparence, si décisif de l'honorable M. Charles-Roux.

M. Charles-Roux, parcourait le monde et se promenait dans tous les pays avec lesquels nous faisons des échanges, et dans chacun de ces pays, prenant les produits que nous allons frapper de droits, il supposait qu'immédiatement l'importation de ces produits en France serait arrêtée et que toutes nos relations avec ces pays seraient supprimées. C'est là qu'est l'erreur fondamentale de M. Charles-Roux. Notre honorable collègue suppose que les droits que nous allons établir supprimeront toute importation.

M. Charles-Roux. J'ai cité des exemples.

M. le rapporteur général. Je ne le demande pas et nous ne le demandons pas. Ces droits ralentiront l'importation de certains produits, mais ne la supprimeront pas ; et la meilleure preuve que j'en puisse offrir à M. Roux, c'est le mouvement même du port de Marseille, qui l'intéresse si particulièrement. Je me rappelle qu'en 1884 les honorables députés marseillais nous disaient : « Si vous mettez un droit sur le blé, vous allez ruiner le port de Marseille, vous allez arrêter son mouvement d'échange. » Le malheur veut que le contraire soit arrivé !

Plusieurs membres à gauche. Le bonheur !

M. Peytral. Vous dites bien : « le malheur ! » C'est grâce aux mauvaises récoltes en France.

M. le rapporteur général. Je parle, bien entendu, du malheur du raisonnement. *(Sourires.)*

Eh bien, le mouvement du port de Marseille ne s'est pas ralenti ; au contraire, il s'est accru, même en ce qui concerne les blés.

M. Peytral. Grâce aux mauvaises récoltes, encore une fois !

M. le rapporteur général. Vous voyez bien que les tarifs que nous créons n'auront pas pour résultat de supprimer le commerce de Marseille et encore moins le commerce de la France.

Je tiens à le répéter : pour ma part, je suis plein de sympathie pour le commerce dans les efforts qu'il fait...

M. Félix Faure. Que serait-ce si vous ne l'aimiez pas ? (*Rires sur divers bancs.*)

M. le rapporteur général. ...pour transporter nos produits dans toutes les parties du monde et même pour amener chez nous les produits étrangers dont nous avons besoin et que nous ne pouvons pas créer ; mais je me sépare de lui quand il a la prétention d'ouvrir nos frontières pour laisser écraser nos producteurs.

Mais, nous dit-on, votre tarif minimum est tellement élevé que personne ne voudra l'accepter, et par conséquent vous n'obtiendrez pas pour nos produits le traitement de la nation la plus favorisée.

Telle est l'opinion courante.

Notre tarif est exorbitant, nous dit-on ; je ne puis malheureusement vous prouver en ce moment qu'il n'en est rien ; car pour cela il faudrait le discuter en entier. Avant de connaître un tarif, personne ne peut dire s'il est ou non élevé. Tel droit peut paraître élevé alors qu'il est faible, tel autre paraître faible quand il est en réalité élevé.

Ce que je vous demande, c'est de vouloir bien suspendre votre jugement sur le caractère du tarif de la commission ; nous examinerons ici les chapitres les uns après les autres, et nous nous expliquerons ; nos explications feront, j'en suis sûr, tomber beaucoup de préventions.

En ce qui me concerne, je le déclare et j'autorise mes contradicteurs à prendre acte de ma déclaration, je suis l'adversaire convaincu des droits élevés, et cela pour deux raisons : la première, c'est d'abord qu'ils sont inutiles et qu'ils ont l'inconvénient de servir le jeu des adversaires. On en tire argument et les industries n'en profitent pas.

La seconde raison qui m'engage à repousser les droits trop élevés, c'est qu'ils ne peuvent que donner des illusions aux industriels, surexciter la production, augmenter la concurrence intérieure et créer souvent un état de choses qui ne vaut pas mieux que celui qui résulte de l'insuffisance des tarifs. (*Très bien ! très bien !*)

Voilà les deux raisons pour lesquelles j'ai toujours été l'adversaire des droits exagérés, et je tâcherai de le prouver lorsque nous entrerons dans le détail des tarifs; mais je prétends, jusqu'à preuve du contraire, que les tarifs proposés par la commission se défendent fort bien dans leur ensemble.

On essaye d'effrayer l'opinion en répétant que notre tarif minimum constitue une majoration de 140 millions, ce qui signifie que les recettes actuelles des douanes se trouveront augmentées de 140 millions par l'application de ce tarif.

C'est un gros chiffre assurément; mais il ne faut pas en exagérer l'importance, car dans les pays voisins on a été beaucoup plus loin.

En Allemagne, par exemple, les recettes de douanes étaient de 115 millions de marks en 1878; elles se sont élevées, en 1888, à 312 millions de marks, soit une augmentation de 171 p. 100. En Autriche-Hongrie, les droits de douane, qui n'étaient que de 19 millions de florins en 1878, se sont élevés, en 1888, à 38 millions de florins. Vous voyez donc que les augmentations de recettes de douanes produites par les tarifs des pays voisins sont supérieures aux augmentations qui résulteront des nôtres.

Mais, nous dit-on, pourquoi n'adoptez-vous pas les chiffres du Gouvernement ?

Il y a entre nous et lui une différence de 40 à 50 millions, pour les recettes bien entendu ; l'honorable M. Léon Say annonçait d'avance qu'il se ralliait au tarif du Gouvernement. Il ne faudrait pas, je crois, que le Gouvernement se fit beaucoup d'illusion sur cette adhésion inattendue. Je comprends très bien ce qu'elle signifie : M. Léon Say sera avec le Gouvernement contre la commission, mais quand le Gouvernement et la commission seront d'accord, je doute fort que le Gouvernement ait M. Léon Say avec lui. (*Rires et applaudissements.*)

Il y a une différence, je l'avoue, entre les chiffres du Gouvernement et ceux de la commission. Mais je crois que je ne ferai pas injure au Gouvernement en disant qu'une grande commission qui a travaillé pendant six mois et très sérieusement une matière pareille peut avoir découvert des choses qui n'avaient pas été aperçues par le Gouvernement. C'est d'autant plus admissible, que le Gouvernement a été obligé de faire très vite son travail. Je suis membre des deux conseils supérieurs du commerce et de l'agriculture ; je sais combien a été court le temps pendant lequel ces conseils ont pu' examiner une aussi grosse question. Elle a été étudiée aussi sérieusement que possible. Les rapporteurs ont fait tous leurs efforts pour donner de bons avis au Gouvernement; mais enfin ils n'ont pas eu le temps suffisant pour entrer dans le vif, dans le fond des questions. C'est ce qui fait que la commission des douanes a été obligée de remanier beaucoup de chiffres qui avaient été proposés et qui ne sont que la reproduction des chiffres des conseils supérieurs du commerce et de l'agriculture.

Messieurs, pour en finir sur ce qui divise le Gouvernement et la commission, je me borne à faire observer à la Chambre que l'écart des chiffres qui nous séparent porte surtout sur quatre chapitres, qui sont les chapitres relatifs aux vins, aux bois, aux fruits et aux viandes abattues. Voilà les quatre chapitres qui représentent, jusqu'à concurrence de 40 millions sur 50, l'écart qui nous sépare du Gouvernement.

M. Peytral. Et les graines oléagineuses !

M. le rapporteur général. Oui, il y a encore les graines oléagineuses ; mais cela ne fait pas une grande différence.

Il n'y a donc pas, comme je le disais hier, un abîme entre le travail de la commission et celui du Gouvernement. Nous nous sommes déjà beaucoup rapprochés, nous avons fait beaucoup d'efforts pour nous entendre, nous en ferons encore, cela dût-il être désagréable à nos adversaires, qui préféreraient voir le Gouvernement et la commission entrer en lutte. (*Mouvements divers.*)

Nous avons tout récemment donné des preuves de notre esprit de conciliation en ramenant le tarif de la filature aux chiffres proposés par le Gouvernement ou à peu près, ce qui est assurément une concession des plus sérieuses. (*Très bien ! très bien !*) Nous aurons avec le Gouvernement, avant d'aborder la discussion des divers articles, des entrevues pour nous mettre d'accord sur tous les points où l'accord sera possible. Puis, quand nous arriverons aux points qui nous diviseront, et il y en aura — c'est inévitable — nous vous en expliquerons les raisons à la tribune ; nous vous dirons pourquoi nous croyons que nos chiffres valent mieux que ceux du Gouvernement ;

vous entendrez le Gouvernement et vous prononcerez en connaissance de cause ; vous nous départagerez : il n'y aura pas de batailles. (*Très bien ! très bien !*)

Il m'est donc permis de dire que cette discussion s'engage dans les meilleures conditions, et que nous n'avons rien fait d'excessif. Notre tarif se défend, et j'affirme, contrairement aux assertions qu'on reproduit tous les jours, qu'il ne sera pas plus élevé dans son ensemble, quoi qu'on en dise, que ceux des autres pays d'Europe. Je ne parle même pas de la Russie ou de l'Italie.

Je demande seulement qu'on fasse des comparaisons exactes. Quand on veut comparer les tarifs de deux pays, il ne faut pas prendre au hasard l'ensemble des chiffres ; il ne faut pas dire : Sur 500 articles, la France en compte 300 plus élevés que le pays voisin, par conséquent le tarif français est plus élevé. Non, ce serait là une erreur absolue. Il faut prendre dans le pays avec lequel on fait la comparaison les industries qu'il veut défendre, les branches de production agricole qu'il veut protéger, et de demander quel est le quantum de protection qu'il leur accorde ; puis il faut voir si nous appli-

quons le même quantum ou un quantum
supérieur aux produits qui nous intéressent.

Si je prends l'Allemagne, par exemple, je
constate que son tarif est, à ce point de
vue, plus élevé que le nôtre.

Qu'est-ce que l'Allemagne a voulu, en
effet, protéger en 1879 ? Elle a voulu protéger son agriculture contre tout le monde
et ses industries de luxe contre les nôtres.
Et maintenant, consultez le tarif allemand
en ce qui concerne les produits agricoles et
les produits de luxe, et vous découvrirez
aisément qu'il est plus élevé que le nôtre, —
ce qui suffit à ma démonstration.

Je dis que cela fait à la France une situation excellente, et que notre diplomatie
ne sera pas embarrassée pour défendre notre
œuvre ; je connais assez la fermeté, la vigi-
lance, l'esprit éclairé de l'honorable ministre des affaires étrangères pour être convaincu qu'il réussira dans la délicate mission qui lui est confiée. Il ne fera pas ce
qu'on a fait trop souvent avant lui ; il ne
sacrifiera pas à des considérations pure-
ment politiques les plus grands intérêts du
pays ; il saura, j'en suis sûr, tout ménager
et tout concilier

Quant aux représailles dont on nous parle tous les jours, elles n'auraient aucune raison d'être et personne ne peut y songer. Il est à remarquer du reste qu'on n'en parle guère qu'en France : à coup sûr la presse de notre pays en parle beaucoup plus que la presse étrangère. J'ai eu l'occasion, depuis la publication de mon rapport, de suivre le mouvement de la presse étrangère, et je dois constater qu'elle a été beaucoup plus équitable pour l'œuvre de la commission qu'une partie de la presse française. (*On rit.*)

Elle a bien vite reconnu par l'examen des chiffres que notre tarif n'était pas ce qu'on disait. Et puis à l'étranger, on sait très bien que ce n'est pas nous qui avons déchaîné le protectionnisme sur l'Europe, que ce n'est pas nous qui avons commencé, et que nous ne faisons que nous défendre.

On n'ignore pas, non plus, que nous avons toujours été, vis-à-vis des autres pays, d'une correction parfaite : toutes les fois qu'ils ont relevé leurs tarifs nous en avons souffert, mais jamais nous n'avons parlé de représailles. Quand l'Amérique nous a opposé le fameux tarif Mac-Kinley, nous avons refusé, et avec raison, de nous

mettre à la tête d'une ligue de résistance.
On sait cela à l'étranger; on n'ignore pas
non plus que l'on serait mal venu à exercer
des représailles injustifiées, car nous sommes en état de nous défendre; nous ne
sommes pas désarmés.

Non, il n'y aura pas de représailles; en
tout cas, ce n'est pas la commission des
douanes qui y donnera le moindre prétexte.
N'a-t-elle pas prouvé en maintes occasions,
depuis qu'elle a votre confiance, son esprit
de conciliation? Chaque fois qu'une question s'est posée dans cette enceinte, dont
l'objet était de régler nos rapports avec
l'étranger, n'a-t-elle pas fait preuve d'un
véritable esprit de gouvernement? Quand
il s'est agi de régler nos rapports avec la
Grèce, de maintenir nos conventions avec
l'Autriche, la Russie, le Mexique, n'avons-
nous pas donné notre appui au Gouvernement? Nous sommes prêts à le lui accorder
encore dans des circonstances semblables ;
nous l'aiderons dans une tâche dont nous
comprenons les difficultés. Nous lui avons
fait déjà plus d'une concession en vue de
la lui faciliter; nous saurons les faire va-
loir quand le moment en sera venu. Notre
bonne volonté n'a pas dit son dernier

mot, mais à une condition cependant : c'est qu'on ne nous demandera pas de changer le caractère essentiel de notre œuvre, d'enlever à notre agriculture et à notre industrie le minimum de protection qui leur est nécessaire, et surtout qu'on ne nous demandera pas, comme en 1860, de sacrifier certaines de nos industries aux autres. (*Très bien! très bien!*)

Ces concessions-là nous ne pouvons pas les faire, et nous voudrions les faire que nous serions désavoués par vous et par le pays. (*Très bien! très bien!*)

Ah! le pays, messieurs! Il paraît bien loin en ce moment quand on le regarde derrière le rideau de ces polémiques passionnées, derrière certains discours qui ont pour objet de faire oublier ce qu'il veut et ce qu'il demande. Il est tellement silencieux, qu'on pourrait croire qu'il se désintéresse de ce qui se passe ici : il ne fait ni manifestations ni réunions, il n'envoie pas de délégations aux pouvoirs publics ; mais ne vous y trompez pas ; ce serait une grande erreur de croire qu'il est indifférent. Il suit, au contraire, nos débats avec une profonde anxiété, sentant bien que son avenir tout entier est en jeu et que vous allez le fixer pour longtemps. S'il est calme, c'est qu'il croit avoir parlé assez haut et assez clair pour que personne ne puisse douter de ses intentions (*Applaudissements*); c'est aussi qu'il a confiance dans ses mandataires. (*Très bien ! très bien !*)

Pour moi, je suis convaincu que cette confiance ne sera pas déçue et qu'il se trouvera dans cette Chambre une majorité inébranlable, inaccessible à toutes les tentatives d'intimidation et fermement résolue à défendre le travail et la fortune de la France. (*Applaudissements prolongés et répétés sur un grand nombre de bancs. — L'orateur, en regagnant sa place, reçoit des félicitations.*)

Paris.—Imp. des *Journaux officiels*, quai Voltaire, 31.

79